INTERVENTION EN ÉCONOMIE POLITIQUE

Suzanne de Brunhoff

Etat

et

Capital

Recherches sur la politique économique

PRESSES UNIVERSITAIRES DE GRENOBLE

FRANÇOIS MASPERO

1976

Déjà paru du même auteur :

— *Capitalisme financier public*, SEDES, Paris 1965.

— *La monnaie chez Marx,* Editions sociales, Paris, 1ère ed. 1967.

— *L'offre de monnaie* (critique d'un concept), Maspero, Paris, 1ère éd. 1971.

— *La politique monétaire, un essai d'interprétation marxiste,* -en collaboration avec P. Bruini, PUF, col. SUP, Paris, 1ère éd. 1973.

Déjà paru dans la même collection :

BENETTI (Carlo) — *Valeur et répartition*

BENETTI (Carlo), BERTHOMIEU (Claude) et CARTELIER (Jean) — *Economie classique, économie vulgaire.*

FRADIN (Jacques) — *Les fondements logiques de la théorie néoclassique de l'échange.*

à paraître

Avril

CARTELIER (Jean) — *Surproduit et reproduction,* la formation de l'économie politique classique.

INTRODUCTION

Qu'il s'agisse de la période de l'accumulation primitive décrite par Marx, du capitalisme au XIXe siècle, ou du développement récent des sociétés multinationales, "le capital privé a toujours besoin de l'existence d'un pouvoir étatique" (1). Pourquoi en est-il ainsi ? Pourquoi la production et la circulation capitalistes ne peuvent-elles se passer d'une gestion étatique s'appliquant en des points déterminés ? et pourquoi cette gestion se présente-t-elle, dans certaines conditions, sous la forme de la politique économique ? Le problème ici posé n'est pas de savoir si l'Etat capitaliste a une action économique, mais pourquoi et comment il intervient comme tel au cœur du fonctionnement du capitaliste.

L'action économique de l'Etat semble administrer des choses plutôt que des hommes, gérer des flux plutôt que des rapports sociaux. Elle se présente comme au-dessus des classes plus encore que l'activité répressive et idéologique. Ses aspects techniques aident à fonder sa crédibilité. Dès lors la tentation est grande d'envisager un Etat-sujet qui intervient de façon exogène dans l'économie, selon les conceptions keynésiennes ou néo-classiques, ou de dériver vers la version humaniste de l'Etat "monstre froid". Ces représentations orientées de façon normative (l'Etat est jugé neutre, ou au service de tous, ou au contraire plein de malignité), ne comportent aucun élément d'analyse rationnelle.

Par contre l'idée marxiste d'un Etat superstructure, ayant une autonomie relative par rapport à la base économique, est un bon point de départ. La difficulté est de voir comment se fait l'articulation, c'est-à-dire comment l'Etat a une action à la fois immanente et non réductible au rapport fondamental d'exploitation capitaliste. Outre son rôle de "gendarme politique", l'Etat peut participer au mode de production des biens et au mode de reproduction des agents (2). Encore faut-il analyser les formes de cette participation.

Les points-clés de l'intervention économique étatique examinés en premier lieu concernent la production et la circulation : la gestion de la force de travail salariée, et celle de la monnaie équivalent général. Quand ces gestions se présentent comme politique économique, elles se modifient, sans perdre pour autant leur caractère fondamental. L'objet de cet essai n'est donc pas l'intervention étatique qui concerne le capital constant (désignant équipements et matières premières), ni celle qui concerne directement la mise en valeur du capital relativement au taux de profit. C'est la particularité des marchandises considérées (force de travail, monnaie) qui permet de serrer au plus près l'immanence et l'extériorité de l'action de l'Etat.

Un examen sommaire de "la formule générale du capital" proposée par Marx permet d'évoquer comment le rôle économique de l'Etat sera concrétement abordé, en deux étapes.

Soit la formule A-M-A' : avec une somme d'argent A, le capitaliste achète l'usage de la marchandise M, comprenant la force de travail ouvrière, qui engendre une plus-value en produisant une valeur supérieure à la sienne propre ; après la vente des marchandises fabriquées avec du travail vivant créateur de valeur et de plus-value, le capitaliste récupère davantage que sa mise initiale, soit A' plus grand que A. Relation économique et rapport de classe capitaliste/ouvrier sont ici indissociables. Production, circulation et réalisation le sont également (3). Mais comment se manifeste aussi une intervention économique de l'Etat, dans ce circuit A-M-A' qui semble fermé sur lui-même par le mouvement de la mise en valeur du capital ?

Marx a montré comment l'Etat intervient *avant*, dans le procès de l'accumulation primitive, dont la violence fait émerger d'un côté le prolétaire qui n'a que ses bras pour vivre, de l'autre "l'homme aux écus", le capitaliste. Il a également montré comment l'Etat intervient *après*, dans la généralisation de certaines règles, notamment pour imposer à l'ensemble des capitalistes une limitation de la durée de la journée de travail sans quoi le capital épuiserait la force de travail. Avant, après la mise en œuvre du circuit du capital A-M-A', l'Etat a une action économique : mais comment agit-il en relation avec ce circuit auquel il reste nécessairement extérieur ? Et cela, autrement que comme Etat-gendarme toujours présent en arrière-plan. Il faut qu'il y ait dans les éléments constitutifs, A et M, ou dans leur rapport, quelque chose qui appelle une intervention étatique *dont l'immanence fonde la simultanéité.*

La gestion étatique de la marchandise particulière qu'est la force de travail (inséparable de l'approvisionnement continu en main-d'œuvre à bon marché M), la gestion étatique de la monnaie (liée à l'accumulation de capital argent A), tels sont les axes principaux d'une action de l'Etat indissociable de la production et de la circulation capitalistes en général (4).C'est en montrant cela que l'on tentera de répondre au premier problème posé initialement. Il faudra voir comment l'immanence de l'action étatique ne supprime pas, mais au contraire implique, une extériorité par rapport au mouvement du capital qui articule entre eux les éléments du circuit A-M-A'.

La gestion par l'Etat de la force de travail et de la monnaie change de modalités au cours de l'histoire du capitalisme, elles n'en sont pas moins toujours liées à la formule générale du capital, qu'il s'agisse du XIXe ou du XXe siècle. Mais ce n'est pas le cas de ce qui se présente de nos jours sous la forme de la politique économique, objet de la seconde grande étape de l'analyse. On pourrait certes éluder la question et faire de la politique économique la somme des diverses interventions de l'Etat, au centre desquelles se trouvent la gestion de la force de travail et celle de la monnaie.

Cette méthode serait d'autant plus tentante qu'elle semblerait permettre d'éviter toute référence à un Etat sujet de la politique économique et prenant de façon consciente et organisée des décisions qui favorisent le fonctionnement de l'économie capitaliste. Mais elle laisserait échapper la particularité de la forme sous laquelle, depuis les années 1930, se présentent les interventions économiques de l'Etat. Même si la notion de politique économique relève de l'idéologie, et n'a pas vraiment l'objet qu'elle se donne : un ensemble cohérent dont les diverses interventions de l'Etat seraient des sous-parties indépendantes, même en ce cas elle n'en relève pas moins d'une pratique particulière. Car elle se réfère à la nécessité d'une unification stratégique des diverses gestions étatiques par rapport au mouvement d'ensemble du circuit des flux économiques.

Soit une crise générale dont la forme, au niveau de la circulation du capital, est l'interruption des transactions : A-M se fissure en A//M : crise financière d'un côté, chômage de l'autre. La gestion étatique de la force de travail et celle de la monnaie ne peuvent rien, dans la mesure où elles restent indépendantes l'une de l'autre. Il faut alors que se produise une modification de la relation A-M, donc de ses éléments constitutifs qui doivent en quelque sorte être traités comme des flux homogènes, glissant les uns dans les autres. La capacité de la monnaie à fonctionner comme moyen de paiement dépend maintenant d'abord de la transformation des crédits bancaires en versements de salaires, eux-mêmes dépensés en biens de consommation ; et les salaires comme revenus "stratégiques" sont nourris par le financement bancaire. La politique économique comme gestion de la conjoncture modifie, en les englobant, la gestion étatique de la monnaie et celle de la force de travail. Mais ces points-clés de l'action économique de l'Etat gardent une importance déterminante : la base objective en est que la monnaie ne se confond pas avec le crédit, ni la force de travail avec le travail salarié - quels que soient le changement des pratiques et la représentation idéologique de celui-ci.

Force de travail, monnaie : toutes deux font partie du monde des marchandises, mais elles y ont toutes deux un statut particulier, qui appelle une gestion étatique. C'est le fondement de l'action économique de l'Etat capitaliste. Quant à la politique économique, elle ne se développe qu'avec une modification des rapports de classe, quand la force de travail devient classe ouvrière et que la classe ouvrière est incluse comme sujet économique dans un circuit de flux représentant la formation et l'affectation des revenus monétaires. La combinaison entre l'action économique de l'Etat, devenue "politique économique", et la politique générale prend alors des formes nouvelles qu'il faut essayer d'appréhender. Tels seront les points abordés au cours des chapitres qui suivent.

NOTES

(1) Cf. annexe 3, p. 124.

(2) Cf. A. Nicolaï, dans "Et le poussent jusqu'au bout", *Connexions*, n° 10, oct. 1974.

(3) Cf. *Le Capital*, tome 4, Ed. sociales, p. 27 :

"Premier stade : le capitaliste apparaît sur le marché des marchandises et sur le marché du travail comme acheteur ; son argent se convertit en marchandises, autrement dit doit accomplir l'acte de circulation A-M.

Deuxième stade : consommation productive, par le capitaliste, des marchandises achetées. Il agit comme producteur de marchandises capitalistes ; son capital accomplit le procès de production. Résultat : une marchandise d'une valeur supérieure à celle de ses éléments producteurs.

Troisième stade : le capitaliste retourne sur le marché comme vendeur : sa marchandise se convertit en argent...".

(4) A la différence d'actions datées et localisées, par exemple "la politique industrielle" en France dans les années 1960/1970.

CHAPITRE I

LA GESTION ÉTATIQUE
DE LA FORCE DE TRAVAIL

Le premier axe principal de l'intervention économique de l'Etat, que celle-ci soit ou non politique économique, est la gestion de la force de travail comme marchandise particulière. Cette gestion répond à un besoin du capital qui ne peut être directement satisfait par le capital lui-même. Plusieurs auteurs marxistes ont montré comment la reproduction de la force de travail salariée implique des moyens extérieurs aux entreprises capitalistes.

A partir de ce point commun, les analyses faites diffèrent les unes des autres. Ainsi L. Althusser (1) met l'accent sur l'école comme appareil idéologique d'Etat, où l'ouvrier apprend des "savoir-faire" dans des formes qui, loin d'être purement techniques, assurent un assujettissement à l'idéologie dominante. P. Grevet indique (2) que "tout ce qui n'est pas nécessité immédiate d'entretien d'un producteur de plus-value tend à être écarté" par le capital, ce qui rend nécessaire une "forme non marchande d'entretien" pour assurer le renouvellement de la force de travail comme "marchandise exploitée". Cl. Meillassoux montre (3) comment, par l'exploitation de la communauté domestique, l'impérialisme est "un mode de reproduction de la main d'œuvre bon marché", et renouvelle l'analyse marxiste du salaire.

Tout en utilisant une partie de cet apport, l'analyse faite ici est différente. Elle porte principalement sur un type d'intervention étatique dont la forme, tout en se modifiant, reste toujours conditionnée par les caractères capitalistes de l'usage de la force de travail. Cet usage combine deux aspects différents et complémentaires, la discipline du travail et l'insécurité de l'emploi.

Le "despotisme de la fabrique" s'impose au prolétaire soumis à la contrainte du marché du travail quand il est dépossédé de tout sauf de ses bras. Et la contrainte du marché implique elle-même l'insécurité de l'emploi : le "fonctionnaire du capital" dont parle Marx, c'est le capitaliste, non l'ouvrier. Le marché du travail fonctionne dans le cadre d'une armée prolétarienne de réserve dont le volume augmente ou diminue selon les besoins de l'accumulation capitaliste, mais n'est jamais entièrement résorbé. Cette armée de réserve, privée de moyens d'existence, il faut l'entretenir pour que de la force de travail soit toujours disponible (compte-tenu de l'impératif général d'une main d'œuvre bon marché). C'est là qu'interviennent des institutions non capitalistes, de caractère plus ou moins étatique, qui assurent la reproduction de la force de travail dans les limites du maintien d'une insécurité fondamentale de l'emploi et dans des formes qui garantissent le maintien de la discipline du travail.

L'insécurité de l'emploi, condition de la discipline ouvrière, contredit cependant le besoin capitaliste d'un stock indéfini de main d'œuvre à salarier. Car si les non salariés sont dépourvus de tout moyen d'existence, ils cessent d'être la réserve indispensable à un approvisionnement continu du marché du travail. Or leur entretien n'est pas compris dans la "formule générale du capital" A-M-A'. Comme l'indique Cl. Meillassoux (4), le salaire direct permet "la reconstitution" du travailleur pendant la période d'emploi, mais non "l'entretien" du chômeur et du malade, ni la couverture des charges familiales (ou "reproduction"). Des institutions non capitalistes sont alors indispensables pour assurer la gestion du "stock" de force de travail dont le capitaliste a besoin mais qu'il ne peut lui-même assurer directement (5). Et la forme de cette gestion doit être telle qu'elle entretienne l'insécurité de l'emploi dont elle pallie seulement les conséquences, et telle qu'elle n'affecte en rien la discipline ouvrière au travail alors même qu'elle supplée au non-travail. De ce point de vue, l'institution caractéristique est la maison de travail (workhouse) anglaise du XIXe siècle, liée à la suppression des secours en argent et en nature, financée sur l'impôt local, mi-prison mi-entreprise sans être vraiment ni l'un, ni l'autre.

Cette caricature de la gestion publique de la force de travail eut beau disparaitre ensuite, elle survit sous d'autres formes car elle répond à un besoin du capital. Les institutions de dressage où l'on surveille et l'on punit, école, prison, qui ressemblent à l'usine, les appareils de formation idéologique et de répression, font certes partie à leur façon de la gestion étatique de la force de travail. Sont privilégiées ici des formes qui concernent la force de travail comme marchandise particulière rémunérée par un salaire, quand une gestion non capitaliste est appelée par l'insécurité de l'emploi inhérente à la production capitaliste. Discipline du travail, insécurité de l'emploi, permanence de l'approvisionnement en force de travail prolétarienne au moindre coût possible : la combinaison de ces aspects implique une intervention étatique immanente au procès d'accumulation capitaliste en même temps que fondamentalement extérieure à ce procès. L'extériorité de la gestion étatique de la force de travail est la condition même de son immanence.

Cette gestion accompagne toutes les phases du capitalisme: C'est pourquoi l'assistance aux pauvres des débuts du XIXe siècle, cet archaïsme, reste encore aujourd'hui une forme vivante qui traverse les institutions les plus modernes de la Sécurité sociale, notamment aux Etats-Unis. Les modifications de l'accumulation capitaliste, celles de la lutte dès classes, transforment les conditions de la gestion étatique de la force de travail, mais il subsiste en permanence des éléments d'âges différents. On verra que cet anachronisme a une fonction de classe, celle du fractionnnement du prolétariat selon la co-existence à un moment donné des formes différentes de gestion, compte tenu du maintien de l'insécurité pour l'ensemble.

I - Particularités de la marchandise force de travail

1) Salaire et entretien des travailleurs

Toutes les apparences suscitées par la pratique capitaliste concourent pour que le salaire apparaîsse comme "le prix du travail". A la surface de la société bourgeoise, la rétribution des travailleurs se présente comme le salaire du travail : tant d'argent payé pour tant de travail" (6). Ainsi se trouve dissimulé le rapport d'exploitation capitaliste, qui implique la distinction du travail producteur de la valeur des subsistances nécessaires à la reconstitution de la force de travail, et du surtravail non payé créateur de plus-value. La distinction établie par Marx entre travail et force de travail a permis, en déchiffrant "le secret du salaire", de mettre au jour le concept de plus-value comme racine du profit capitaliste. Le salaire rémunère la valeur de la force de travail, inférieure à la valeur du produit total créé par cette force.

La marchandise force de travail est identique aux autres marchandises, en ce que sa valeur est déterminée par la quantité de travail nécessaire pour produire les biens indispensables à son entretien. Cette conception permet de transformer la notion de salaire, en l'incorporant dans la théorie de l'exploitation capitaliste. Elle ne constitue pas une théorie économique du salaire. Marx énumère les valeurs d'usage indispensables à l'entretien et à la reproduction de la force de travail ouvrière : du panier des biens nécessaires pour la nourriture, le vêtement et l'habitat, aux dépenses de santé et de formation professionnelle, du minimum physiologique aux éléments socialement déterminés par l'histoire. Quand ces valeurs d'usage sont marchandises, elles constituent la valeur de la force de travail ; mais leur liste n'est pas fixée à l'intérieur même du procès de production capitaliste, bien que ce soit elle qui permette de distinguer le travail nécessaire du surtravail, et de déterminer la plus-value comme source du profit capitaliste. L'on est alors souvent conduit à juxtaposer deux démarches : garder le salaire accroché à la valeur de la force de travail, en cherchant une quantification au moins approximative ; considérer le salaire comme "variable exogène", dépendante des luttes qui concernent le partage du produit social. L' "économisme" du panier de marchandises, le "sociologisme" de la lutte pour la répartition, tous deux sont d'ailleurs encouragés par telle ou telle formulation de Marx.

Sans référence à la valeur, il est impossible de comprendre non seulement l'exploitation capitaliste, mais la gestion étatique qui se greffe nécessairement sur cette exploitation. Cependant la force de travail est à la fois une marchandise comme les autres (elle a une valeur d'échange), et une marchandise particulière (sa valeur d'usage est de créer de la valeur d'échange). C'est la combinaison de ces deux aspects qui est à considérer de plus près sans qu'il soit pour autant possible de déterminer ici la valeur d'échange de la force de travail, ni de faire davantage que de proposer une piste de recherche.

Si la force de travail vendue au capitaliste est rémunérée moyennant un salaire, c'est en tant qu'elle est immédiatement utilisée dans le procès de production. Quand le travailleur est malade ou quand il est au chômage, il ne touche pas de salaire direct : en perdant sa valeur d'usage la marchandise force de travail "se démonétise", elle perd sa valeur d'échange en tant que celle-ci exprime la subsistance quotidienne du travailleur, mais non le maintien et la reproduction de la force de travail. Si par contre la valeur d'échange de la force de travail comporte non seulement celle du pain quotidien de l'ouvrier au travail, mais celle de l'entretien du chômeur, du malade, des enfants, le salaire direct est inférieur à cette valeur. Car le capital privilégie nécessairement sa propre mise en valeur immédiate, et ne prend pas, comme tel, complètement en charge la reproduction de la valeur de la force de travail dont il a pourtant besoin.

La forme même du salariat comme expression d'un contrat entre deux "propriétaires", l'un ayant le capital-argent et l'autre la force de travail, n'est pas seulement l'expression juridique du rapport d'exploitation capitaliste. Elle signifie aussi que l'ouvrier "propriétaire" de sa force de travail est responsable de l'entretien de celle-ci, que c'est en principe, lui, et non le capitaliste, qui a la charge de la reproduire lui-même. Dans ces conditions, ou bien le salaire perçu pendant la période de travail permet de couvrir "la valeur de reproduction" de la force de travail (7), ou bien il ne correspond qu'à la "valeur quotidienne" de cette force (8), et le salaire direct, s'il n'est pas complété par divers types de versements institutionnels, ne peut suffire.

"En juillet 1895, 300 mineurs des houillères de Spring Valley (Illinois) offraient aux propriétaires de signer un contrat de travail par lequel ils renonceraient à tout salaire pourvu qu'on leur garantît, à eux et à leurs familles, une habitation confortable, la nourriture, les vêtements et le chauffage. Pour justifier cette offre de retour au servage, ces 300 mineurs déclaraient que depuis 1892 ils avaient manqué des choses les plus nécessaires à la vie et que, plutôt que de continuer à vivre dans ces conditions, ils préféraient devenir serfs" (9).

Alors que le capitaliste a besoin d'un approvisionnement continu "en matière humaine toujours exploitable et toujours disponible" (10), il se décharge de l'entretien du travailleur par le versement du salaire direct. Pour que le travailleur reste exploitable et disponible, il faut que le salaire en permette l'entretien quotidien ; s'il en assurait aussi la reproduction, il dépasserait sa fonction capitaliste et perdrait sa nécessaire (quoique fallacieuse) apparence de "prix du travail". Et pourtant il faut bien que "la valeur de reproduction" de la force de travail soit prise en compte. En s'étendant à la force de travail, le règne de la marchandise soumet celle-ci à une loi de la valeur qui doit être respectée, mais ne peut l'être dans la seule production capitaliste.

La pression sur le salaire direct, pour que celui-ci ne dépasse pas "la valeur quotidienne" de la force de travail, est une constante du capitalisme. Marx l'a analysée en distinguant deux périodes, celle de "l'accumulation primitive", pendant laquelle "la subordination du travail au capital n'était que formelle", et celle où le mode de production capitaliste s'est suffisamment développé pour que "son mécanisme brise toute résistance". Au cours de la première période, "la bourgeoisie naissante ne saurait se passer de l'intervention constante de l'Etat ; elle s'en sert pour "régler" le salaire, c'est-à-dire pour le déprimer au niveau convenable, pour prolonger la journée de travail et maintenir le travailleur lui-même au niveau de dépendance voulu. C'est là un moment essentiel de l'accumulation primitive" (11). Une législation de classe qui s'est développée notamment au cours du XVIe siècle, a permis d'asseoir par la répression l'exploitation capitaliste des travailleurs. Ainsi les tarifs légaux des salaires, établis à la ville et à la campagne, et pour le travail à la tâche et à la journée, ne pouvaient être dépassés sous peine d'emprisonnement. Il y avait un maximum légal au-dessus duquel le salaire ne devait pas monter, mais pas de minimum légal au-dessous duquel il ne devait pas descendre.

La réglementation légale des salaires se poursuivit même pendant "la période manufacturière", au XVIIIe siècle, alors qu'elle commençait à tomber en désuétude. En Grande-Bretagne, "en 1813 on abolit les lois sur la fixation des salaires ; elles n'étaient plus, en effet, qu'une anomalie ridicule, à une époque où le fabricant régissait de son autorité privée ses ouvriers par des édits qualifiés de règlements de fabrique, où le fermier complétait à l'aide de la taxe des pauvres le minimum de salaire nécessaire à l'entretien de ses hommes de peine" (12). La réglementation légale, une fois terminée la période de l'accumulation primitive, change d'objet ; elle ne concerne plus le salaire direct. L'incorporation massive des ouvriers dans les fabriques, devenues les seuls lieux d'un travail rémunéré, a permis d'imposer la discipline capitaliste du travail. Le contrôle capitaliste direct du salaire prend davantage la forme d'une relation entre niveau du salaire et niveau de l'emploi, par la formation d'une "surpopulation relative".

C'est contre "le dogme économiste" que Marx établit "la loi de population propre au mode de production capitaliste", celle de la surpopulation relative, qui assure la domination capitaliste sur le marché du travail.

Selon "la loi d'airain" à laquelle se réfère l'économie politique classique, l'offre et la demande de travail règlent le niveau du salaire, ou, pour prendre les expressions de Ricardo, le prix courant du travail par rapport au prix naturel de celui-ci. Le second dépend du prix des subsistances. Quant au premier, il est "le prix que reçoit réellement l'ouvrier, d'après les rapports entre l'offre et la demande de travail" (13). S'il est élevé, il suscite un accroissement de l'offre qui exerce sur lui une pression à la baisse. Alors "les salaires descendent de nouveau à leur prix naturel, et quelquefois même l'effet de la réaction est tel qu'ils descendent encore plus bas. Ce n'est que lorsqu'à force de privations le nombre des ouvriers se trouve réduit, ou que la demande de bras s'accroît, que le prix courant du travail remonte de nouveau à son prix naturel" (14). Quelles que soient ces fluctuations, "ainsi que tout autre contrat, les salaires doivent être livrés à la concurrence franche et libre du marché, et n'être jamais entravés par l'action du législateur" (15). C'est pour cette raison que Ricardo refuse toute loi donnant des secours aux pauvres.

Par contre, en établissant que la surpopulation relative devient "le pivot sur lequel tourne la loi de l'offre et de la demande de travail" (16), Marx veut transformer la signification de cette loi. A cause de l'existence d'une armée de réserve, "l'offre et la demande de travail cessent d'être des mouvements partant de deux côtés opposés, celui du capital et celui de la force ouvrière. Le capital agit des deux côtés à la fois. Si son accumulation accroît la demande de bras, elle en accroît aussi l'offre en fabriquant des surnuméraires. Les dés sont pipés. Dans ces conditions, la loi de l'offre et de la demande de travail consomme le despotisme capitaliste" (17). La détermination du niveau des salaires, même en faisant provisoirement abstraction de la valeur de la force de travail, ne se fait pas de façon "naturelle", sur un pur marché du travail où s'exercerait une "franche et libre concurrence". Car l'intensité de la concurrence entre les "offreurs de travail", les ouvriers, "dépend entièrement de la pression exercée par les surnuméraires". C'est seulement en se groupant entre eux, "occupés et non occupés", que les ouvriers peuvent réduire les effets de la pression de l'armée de réserve, et affaiblir le contrôle capitaliste du salaire direct.

C'est à partir de là que Marx décrit les institutions bourgeoises de secours aux indigents, dont on parlera plus loin. Divers problèmes théoriques importants posés par sa conception du salaire, et son usage de la notion d'"accumulation primitive", ne sont pas traités ici, sauf indirectement, quand il s'agit de la permanence et du changement de certaines formes d'intervention étatique.

2) L'insécurité et ses remèdes capitalistes

"Nous sommes, et on ne l'a point assez remarqué, dans une condition tout à fait nouvelle de la société, sur laquelle nous n'avons point encore d'expérience. Nous tendons à séparer toute espèce de propriété d'avec toute espèce de travail, à rompre toute clientèle entre le journalier et le maître, à ôter au premier toute espèce d'association dans les profits du second. Cette organisation sociale est tellement nouvelle qu'elle n'est même pas à moitié établie, qu'il n'y a que les pays les plus riches, les plus avancés dans un système que nous essayons à peine, où le travail de l'agriculture, aussi bien que celui des manufactures, soient faits par des ouvriers qu'on peut renvoyer à la fin de chaque semaine... L'état où nous entrons aujourd'hui est complètement nouveau, la population travaillante est libre ; mais aucune garantie n'a été donnée à sa subsistance ; elle doit vivre de son travail, mais elle ne voit pas, elle ne connait pas celui qui consommera les produits de ce travail, elle n'a aucun moyen de mesurer ses efforts avec la récompense qu'elle en peut attendre..." (18). Sismondi voit ici les choses du point de vue de l'insécurité ouvrière.

La comptabilité d'entreprise reflète à sa manière cette particularité de la force de travail comme moyen de production. "La comptabilité marchande va accueillir l'activité spécifiquement capitaliste moyennant l'introduction de deux rubriques conjuguées :
— l'achat de la marchandise force de travail,
— la charge de l'exercice par dévalorisation de capital.

"Par ce double mouvement d'écriture, le capitaliste s'assure l'appropriation du surtravail *et* la réappropriation des moyens de production.

"Le stock outil est maintenu par le transfert d'exercice en exercice et le capital constant productif par l'édification d'une réserve... Chaque entreprise capitaliste maintient fermement son rapport aux moyens de production en retenant à la source le produit par la technique de reconstitution des stocks et d'amortissement du matériel" (19). Il n'y a rien de tel pour la réserve en force de travail, malgré l'usage d'analogies. J.B. Say parle de l'ouvrier comme "capital accumulé" par les sommes consacrées à élever les enfants des prolétaires (20). Millerand propose à la Chambre, en 1901, "de demander au patron d'inscrire à ses frais généraux l'assurance et l'amortissement de son personnel humain comme il y inscrit l'assurance et l'amortissement de son matériel et de ses machines" (21). La comptabilité d'entreprise exclut par nature l'amortissement de la force de travail, et pourtant le capital variable - les salaires - devrait être complété en étant traité par analogie avec le capital constant.

Les remèdes proprement capitalistes contre l'insécurité inhérente à la condition ouvrière sont en tout cas des dépenses particulières, affectées à des caisses de secours et de retraite, œuvres patronales au XIXe siècle en France. Le premier objectif est de s'assurer un approvisionnement suffisant en main d'œuvre disciplinée. "Répondant à des besoins que le salaire est incapable de satisfaire - en particulier le besoin de sécurité - ces avantages annexes sont soumis en fait à des conditions telles que la fidélité du travailleur et sa bonne tenue, éléments que les chefs d'entreprise peuvent librement apprécier. Curieusement on peut dire que, si le salaire n'est pas suffisant pour l'ouvrier, il ne l'est pas non plus pour le patron qui a besoin d'un moyen de pression lui permettant de garder son personnel bien en main" (22). Villermé donne, dans son rapport, l'exemple des "bons patrons de Sedan", qui utilisent un moyen différent, mais de même inspiration : "c'est l'usage de conserver à l'ouvrier qui tombe malade son emploi ou son métier pour le temps où il pourra le reprendre. Quand la maladie n'est pas une simple indisposition, celui qui en est atteint ou bien sa famille présente au fabricant un remplaçant. Celui-ci s'admet toujours, lors même qu'il est pris, ce qui a lieu très souvent, parmi les moins bons sujets de la fabrique. On m'en a montré qui tenaient ainsi la place d'un absent depuis plus de six mois. L'ouvrier malade continue à recevoir son salaire entier, et il paie lui-même son remplaçant, mais de manière à garder quelque chose sur lui" (23).

Les œuvres patronales restent cependant insuffisantes dans leur principe, comme remède capitaliste à l'insécurité de la condition prolétarienne. En examinant le fonctionnement de certaines d'entre elles en France au XIXe siècle, Hatzfeld montre les limites étroites de leur action. Même si leurs ressources sont constituées principalement par les cotisations ouvrières, les prestations qu'elles versent ne correspondent pas à un véritable droit défini par le contrat de travail. Dans le cas des compagnies de chemin de fer, en 1894, "il y a des compagnies qui n'exigent rien des ouvriers et il en est qui exigent une cotisation mais dans toutes, qu'il y ait retenue sur le salaire des ouvriers ou seulement versement par le patron, le patronat reste libre jusqu'à la dernière minute de congédier l'ouvrier et de le priver de son droit à la retraite" (24).

Non seulement la gestion des versements est arbitraire, mais celle des cotisations n'est pas sûre. Si l'entreprise fait faillite, les ouvriers perdent leurs droits. Même sans faillite, il y a le plus souvent un déséquilibre financier qui rend précaire le paiement des prestations suffisantes, car les dimensions des entreprises en France, à cette époque, ne sont pas assez importantes. La contradiction des institutions patronales, soulignée par Hatzfeld, c'est qu'elles ne sont intéressantes que dans le cadre des diverses entreprises qui peuvent les contrôler directement, alors que dans ce seul cadre elles sont précisément inviables.

Au premier abord il en va tout autrement quand le capitalisme change de dimensions et de structures financières. Ainsi aux Etats-Unis, depuis la seconde guerre mondiale existent des "fonds de pension" privés, qui fonctionnent selon le principe de la "capitalisation", c'est-à-dire du placement des sommes collectées surtout en actions. "Les entreprises privées n'étant pas obligées de constituer des fonds de pension, la moitié seulement des salariés du secteur privé sont couverts par l'une des 115.000 caisses de retraite rattachées à leur employeur. L'autre moitié dépend des prestations de l'assurance-vieillesse nationale (social security) et des économies dégagées pendant la vie active" (25). Les fonds de pension privés, quand ils fonctionnnent bien, ne couvrent pas les besoins de tous les salariés puisque leur instauration dépend de la volonté des entreprises. En outre, quand ils existent, leur bon fonctionnement dépend de la stabilité monétaire et du rendement des placements. Les revers boursiers des années 1973 et 1974 ont fait peser sur eux des menaces sérieuses. Et leur caractère purement privé est mis en cause par "la législation récemment adoptée dont les trois points essentiels sont : un assouplissement des conditions d'ouverture du droit à pension (ancienneté dans l'entreprise et âge), un renforcement des droits acquis et la création d'un fonds d'assurance fédérale financé par les employeurs pour couvrir les salariés en cas de faillite. Les sociétés dotées de caisses de retraite perfectionnée répondent à peu près aux critères établis dans la nouvelle loi, mais de nombreuses sociétés moins généreuses à l'égard de leur personnel seront tenues d'augmenter leurs contributions" (26). Même dans le cas des grandes entreprises privées contemporaines, les remèdes directement capitalistes à l'insécurité de la condition prolétarienne sont par nature nécessaires mais insuffisants. Ils appellent des institutions publiques d'une sorte particulière.

II - Les institutions publiques

Quelles que soient sa forme et ses modalités, la gestion étatique de la force de travail a pour objet principal la prise en charge d'une partie de la valeur de cette force que les capitalistes ne rémunèrent pas de façon directe. Les institutions qui remplissent ce rôle de complément et de substitut du capital, ne fonctionnent pas principalement ni "à l'idéologie", ni "à la violence". Elles constituent une sorte de milieu dans lequel se développe et fonctionne l'exploitation capitaliste, et témoignent de ce qu'il n'existe pas un capitalisme pur que l'État viendrait conforter ou compléter d'une façon ou d'une autre. En même temps, elles sont en permanence le lieu d'affrontements de classe portant non seulement sur leur instauration mais sur leur forme et leur extension, alors même qu'elles ne se développent que par la réalisation de compromis entre les classes.

Les formes des institutions publiques de gestion de la force de travail couvrent un vaste champ dans le temps et l'espace, de l'assistance des pauvres à la sécurité sociale. Ce champ n'est pas homogène, en ce sens qu'il y a une mutation d'une forme extrême à une autre, en relation avec les changements de l'accumulation de capital et des rapports de classe. Pourtant l'ensemble est traversé par une idéologie bourgeoise qui se conserve, car elle oriente en permanence la gestion relativement aux contraintes du travail salarié. Elle exclut toujours à la fois le principe de charité et celui d'égalité. Assistance ou Sécurité sociale, elle limite ou déplace "le risque spécifiquement prolétarien", l'insécurité de la force de travail comme marchandise, mais elle ne peut supprimer ce risque. C'est dans les pores du marché du travail que naît la gestion publique de la force de travail, dès les débuts du capitalisme.

On ne peut pas, de ce point de vue, parler comme le fait C. Meillassoux, de "mécanismes de péréquation de plus en plus perfectionnés et adaptés à mesure que le prolétariat s'intégrait plus complètement dans les rapports de production capitalistes. La charité, l'assistance publique, puis enfin - tandis que les ouvriers essayaient entre eux différentes formules mutualistes - la Sécurité sociale" (27). Il n'y a pas eu cette évolution quasi-linéaire. La charité a été très tôt investie par des institutions de travail semi-carcérales ; en outre charité et assistance publique n'ont pas été remplacées par la Sécurité sociale, elles se sont maintenues à côté de cette dernière. Et puis l'idée d'intégration "dans le cadre exclusif du capitalisme", d'au moins une partie du prolétariat, dont la force de travail est complètement rémunérée à sa valeur, l'idée aussi que ce peut être tendanciellement la perspective pour tout le prolétariat, suppriment toute notion de l'autonomie relative de l'Etat, en liaison avec le caractère variable du rapport des forces en présence ; or même si les moyens de gestion mis en place par l'Etat capitaliste font partie de l'arsenal économique du capitalisme (28), le fait que ce soit *l'Etat* qui les mette en place n'est nullement indifférent : il signifie que la classe dominante ne peut pas, sans une certaine organisation publique, assurer son hégémonie économique.

1) Les classes laborieuses, classes pauvres

F.F. Piven et R.A. Cloward prennent l'exemple de Lyon au début du XVIe siècle (29). La ville voit alors sa population doubler entre 1500 et 1540, en même temps qu'elle devient un centre prospère commercial et manufacturier. Lors de la transition au capitalisme apparait la forme particulière d'insécurité engendrée par les variations du marché du travail, tandis que subsistent les crises agricoles propres au Moyen-Age. Des émeutes de la faim éclatent en 1529 ; artisans et journaliers se soulèvent en 1530 ; des foules paysannes envahissent la ville en 1531. Les aumônes, la charité, ne sont plus à même d'assurer un ordre social dont les conditions se sont modifiées.

En 1534, les hommes d'église, les notables, les marchands se groupent pour instaurer une administration centralisée d'aide aux pauvres, "l'Aumône Générale". Une liste des nécessiteux est établie après enquête, des normes sont fixées pour la distribution d'argent et de pain, les malades sont hospitalisés et soignés gratuitement. En même temps, la mendicité est rigoureusement interdite ; les bénéficiaires de l'aide sont étroitement surveillés ; un effort est fait pour favoriser l'apprentissage et l'emploi des enfants des pauvres, afin de les incorporer dans la force de travail socialement utilisable. Le contrôle communal qui fonctionne ainsi ressemble moins aux œuvres de la charité chrétienne qu'aux procédures les plus modernes d'organisation des pauvres utilisées dans les années 1960 par l'Etat du "welfare" américain (30).

La forme des institutions d'assistance doit, en dépit de ses nombreuses variations, comporter d'une façon ou d'une autre une référence à la contrainte du travail salarié. Au XIXe siècle elle dépend de l'idéologie de "la loi d'airain" telle que les économistes classiques l'ont formulée. Sismondi lui-même condamne les fonds de secours, et prépare ainsi à sa façon la loi anglaise de 1834 qui supprime les aides en nature et en argent et enferme les pauvres dans des maisons de travail. "Si un fonds est formé par l'autorité suprême, et administré au nom de la loi pour venir au secours des pauvres dans leurs maladies, dans les saisons rigoureuses, pendant l'interruption de leurs travaux, dans leur enfance ou leur vieillesse ; ce fonds, qui existe déjà en Angleterre, dans la taxe des pauvres, sera bientôt regardé comme le supplément de leurs gages ; et si, d'après une suite des combinaisons sociales, les pauvres se trouvent déjà dans la dépendance des riches ; s'il y a plus d'offre que de demande de travail, les pauvres assurés de recevoir des secours dans leur vieillesse ou leur maladie, d'en obtenir pour leurs enfants, se contenteront d'un salaire moindre, et se résigneront à ce qu'une partie de qui leur revient en justice, soit administrée par d'autres que par eux, pour leur servir de fonds de réserve" (31).

C'est au nom de la justice salariale que Sismondi s'élève contre un fonds étatique de secours. Mais le fondement de son argumentation est la référence à l'excédent de main d'œuvre qui nait du dérèglement du mariage et des naissances depuis que ceux-ci ne se font plus suivant la garantie d'un revenu. "Aujourd'hui... le manufacturier vivant au jour le jour et parvenant jusqu'au dernier terme de sa vie sans jamais acquérir une plus grande garantie sur le revenu qu'il peut obtenir par son travail, ne voit aucune époque précise à laquelle il doive se décider entre le célibat et le mariage". Et comme il peut faire travailler ses enfants dès l'âge de six ou huit ans, "chaque fils nouveau qui parvient à l'âge où son travail est payé, lui paraît ajouter à son revenu ; une prime semble offerte à la multiplication des pauvres ouvriers. Dans les mauvaises années, quand le travail manque, en Angleterre, la paroisse et la maison des pauvres, ailleurs l'hôpital, maintiennent dans un état de souffrance, entre la vie et la mort, une famille qui n'aurait pas dû naître."Or aucun gouvernement, quelles que soient sa sagesse et sa bienveillance, ne peut suffisamment connaître les rapports de l'offre et de la demande sur le marché du travail "pour prendre sur lui de régler les progrès de la population". C'est donc au pauvre de bien connaître son revenu afin d'y proportionner sa famille (32).

C'est la disproportion entre le nombre des travailleurs et la demande de travail, disproportion qui échappe à toute régulation, qui engendre la misère ouvrière. Au lieu d'y remédier, les fonds de secours entretiennent l'une et l'autre. Sur ce point, Sismondi ne diffère pas de Ricardo ni de J.B. Say. Par contre les établissements où l'on fait travailler les pauvres peuvent être utiles. Alors que les établissements de bienfaisance, dit J.B. Say, risquent de diminuer "la terreur salutaire" qui peut limiter l'imprudence et l'imprévoyance ouvrières, "le même inconvénient ne se rencontre pas dans les maisons où l'on offre du travail aux indigents qui en demandent volontairement, et celles où l'on enferme les vagabonds qui ne peuvent justifier d'aucun moyen d'existence. Un commerce qui change de cours, des procédés nouvellement introduits, des capitaux retirés des emplois productifs, des incendies et d'autres fléaux, peuvent laisser quelquefois sans ouvrage beaucoup d'ouvriers ; souvent, avec la meilleure conduite, un homme peut tomber au dernier degré de besoin. Il trouve dans une maison de travail les moyens de gagner sa subsistance, si ce n'est précisément dans la profession qu'il a apprise, au moins dans quelque autre travail analogue" (33).

La forme des institutions de gestion de la force de travail doit correspondre à la finalité capitaliste, de cette gestion, alors même que ces institutions ne peuvent - et ne doivent - pas être des entreprises. L'assistance publique aux sans-travail entretient l'imprévoyance comme source de disproportion et risque de désordre. Sans doute ne peut-on supprimer toutes les institutions d'assistance. Les enquêteurs du XIXe siècle, divisent la vie ouvrière en 5 périodes, au cours desquelles alternent les privations et l'abondance relative : les périodes de privation sont celles de l'enfance, de la paternité quand les enfants sont à la charge de la famille, de la vieillesse trop avancée pour travailler. On peut admettre "les salles d'asile pour les petits enfants" (34) des pauvres, qui sont d'ailleurs ainsi à l'abri des mauvais exemples de la rue et des dangers qu'ils y courent. Mais pour les adultes en état de travailler il faut des maisons de travail qui n'entretiennent pas les pauvres à ne rien faire. Il y a socialement un continuum des ouvriers aux pauvres : c'est cela qui permet au capital de trouver en quantité voulue la force de travail dont il a besoin. Les pauvres doivent travailler dans des institutions spéciales pour rester disponibles comme ouvriers des entreprises capitalistes. Ainsi le coût social de la reproduction de la force de travail, déjà amoindri par l'emploi des enfants et la brièveté de la vie ouvrière, se trouve fortement allégé - quand il n'est pas complètement transféré aux classes non capitalistes.

La même raison fait que les ouvriers doivent rester au moins potentiellement des pauvres. C'est la base objective de l'unité de la classe ouvrière malgré l'éclatement de celle-ci en plusieurs strates de prolétaires. Le paupérisme, dit Marx, ce "poids mort" de l'armée de réserve industrielle, forme néanmoins avec celle-ci "une condition d'existence de la richesse capitaliste" (35). C'est pourquoi, sans faire partie de la rémunération ouvrière, "il entre dans les faux frais de la production capitaliste. faux frais dont le capital sait fort bien, d'ailleurs, rejeter la plus grande partie sur les épaules de la classe ouvrière et de la petite classe moyenne" (36). Les grands changements institutionnels du XXe siècle vont justement affecter le continuum qui va des ouvriers aux pauvres, et l'ébranler profondément, sans pouvoir le rompre pour autant.

2) La mutation de l'insécurité

Les transformations des institutions étatiques de gestion de la force de travail font partie de mouvements plus larges, dont elles reflètent à leur façon les modalités et les effets. Il faut, indique Engels, que la classe capitaliste soit assurée de sa domination sociale par rapport aux anciennes classes dirigeantes (principalement les propriétaires fonciers), il faut aussi qu'elle l'ait assurée en brisant les premières actions révolutionnaires du prolétariat, avant qu'elle ne puisse passer certains compromis avec au moins une fraction de la classe ouvrière, celle qui s'organise en syndicats et qui accède au droit de vote. La réduction de l'insécurité matérielle, l'émergence d'un droit du travail, se développent sous l'effet de nombreuses luttes ouvrières, mais seulement quand celles-ci peuvent avoir une issue qui ne mette pas en cause la domination du capital. Toute "politique sociale" est cependant la marque du rapport des classes sur l'action économique de l'Etat. Le saut s'effectue historiquement quand le mouvement ouvrier établit un rapport collectif de classe avec le capital - ou quand la force de travail, objet économique, devient classe ouvrière. Cependant même alors le fractionnement du prolétariat pèse sur son unification comme classe.

Marx a analysé (37) le sort des revendications des ouvriers parisiens qui réclamaient, en 1848, l'affirmation constitutionnelle et la garantie du droit au travail. C'était une "première formule maladroite où se résument les exigences révolutionnaires du prolétariat". Elle déchaina la fureur de la bourgeoisie, qui transforma le "droit au travail" en "droit à l'assistance", et fit ouvrir pour les chômeurs des ateliers nationaux qui n'étaient que des "workhouses anglaises en plein air" (38). C'est que le droit au travail est *incompatible* avec la domination capitaliste, car son application supposerait la suppression du "risque spécifiquement prolétarien" qu'est le chômage (39). Réclamé par les ouvriers parisiens au cours d'une période révolutionnaire, il n'avait aucune chance de déboucher sur un compromis et sur la naissance d'une nouvelle institution.

Les changements institutionnels de la gestion étatique de la force de travail, liés à des modifications des rapports de classe, le sont aussi à celles des conditions de l'accumulation du capital. L'exploitation capitaliste, d'abord principalement constituée par l'extorsion de plus-value absolue, comporte ensuite à titre principal (quoique jamais de façon exclusive), l'extorsion de plus-value relative (40). Les deux formes d'exploitation mettent en cause le rapport du surtravail au travail nécessaire pour la reconstitution de la valeur de la force de travail. Mais la formation de plus-value relative comporte une pression à la baisse de cette valeur, par le bouleversement de la production des biens de la consommation ouvrière. La gestion de la force de travail comme prise en charge par des institutions publiques d'une partie de la valeur de cette force, s'inscrit nécessairement dans la modification des conditions de l'accumulation capitaliste.

Évolution des normes de la consommation ouvrière, accès des ouvriers à certains droits, formation de nouvelles institutions publiques : ces transformations, qui ont chacune une figure particulière, s'entrecroisent dans l'histoire qui va "du paupérisme à la Sécurité sociale" et qui transforme, sans la supprimer, l'insécurité fondamentale de la condition ouvrière. Cette condition ouvrière se forme elle-même peu à peu comme distincte de la brutale condition prolétarienne.

Le critère de la pauvreté ouvrière est, selon les enquêtes effectuées à la fin du XIXe siècle comme dans celles qui s'étaient développées au cours des années 1830, relatif au minimum de subsistance nécessaire pour l'entretien de la force de travail. Il existe un seuil de consommation au dessous duquel apparait, avec la misère, l'affaiblissement physique et moral des travailleurs. Mais alors que vers 1830 l'on énumère les biens effectivement consommés qui forment le panier de marchandises indispensable pour survivre, ultérieurement on calcule les rations qui répondent non seulement aux besoins incompressibles, mais à des normes de santé et d'hygiène.

En 1899, S. Rowntree enquête sur les familles de York (42) ; à partir d'un ouvrage sur la nutrition, il calcule des besoins moyens, évalue les quantités de nourriture correspondantes, et leur prix courant. Au coût de la nourriture ainsi déterminé, sont ajoutées les sommes minimales pour le vêtement, le chauffage, divers frais de ménage, et le loyer. Il définit à partir de là une frontière de la pauvreté ("poverty line") pour une famille de cinq personnes comprenant trois enfants : cette famille a besoin de 17 sh. 3 d. par semaine. A la même époque, F. et M. Pelloutier enquêtant sur la vie ouvrière en France, suivent une démarche analogue.

"A combien doit s'élever d'abord la consommation d'une famille de quatre personnes (le père, la mère et deux enfants) jouissant d'une santé normale ? " Les rations de nourriture sont détaillées, et calculées pour chaque jour, y compris le vin et le café. Pour une semaine, sans tenir compte "(d)es dépenses d'intérieur (fil, aiguilles, tabac, savon, allumettes, journaux), ni (d)esfrais de maladie et d'assurance, ni (d)es cotisations du syndicat dont fait partie le chef de la famille, récapitulons :

Nourriture	28,70 F
Loyer	7,63 F
Vêtement	3,85 F
Eclairage, chauffage et cuisson des aliments	1,83 F
Total	42,03 F

ou pour l'année entière : 2 184 Francs" (43).

Ce budget type est ensuite comparé avec ce que gagnent et ce que dépensent effectivement diverses familles ouvrières. Certaines ont "une ration de nourriture inférieure à celle que les hygiénistes s'accordent à considérer comme utile à un adulte" (44).

Ainsi le budget type de la famille ouvrière moyenne prend-il un caractère normatif, relativement à des règles d'hygiène. Il permet de tracer une frontière séparant l'état de "santé normale" de la vie insalubre. Ce n'est pas le manque absolu, la disette de vivres, pas non plus la gamme des "objets de nécessité, d'utilité ou d'agrément" qui selon que les salaires permettent ou non de les acheter, définissent une situation plus ou moins bonne sur la ligne continue qui va des ouvriers aux pauvres.

La frontière de pauvreté tend à instaurer une certaine discontinuité entre les ouvriers et les pauvres, malgré le va-et-vient qui se poursuit des uns aux autres. Le remplacement du minimum de subsistance par une norme de consommation moyenne amorce la grande démarcation qui va être instaurée par la pratique bourgeoise tout au long du XXe siècle, entre les travailleurs normaux et les "autres". La gestion publique de la force de travail va en même temps changer de forme, et se diviser selon deux axes principaux : la résurgence épisodique de l'assistance à une échelle nouvelle, comme "la guerre contre la pauvreté" aux Etats-Unis dans les années 1960 ; le développement, en rapport avec de nouveaux droits ouvriers, d'institutions comme celle de la Sécurité sociale.

La pauvreté demeure "un fait de classe, étroitement lié à une situation d'ensemble d'inégalité des classes" (45). La fonction de l'assistance reste dépendante de l'état du marché du travail, et des impératifs de l'ordre capitaliste. Mais en même temps se consolide une stratification de la classe ouvrière, lié à une stratégie d'extorsion de la plus-value relative. Tous ceux qui accèdent "normalement" au marché du travail accèdent aussi aux nouvelles normes de la consommation ouvrière. Mais tous n'ont pas également accès à la complète rémunération de la valeur de leur force de travail par la somme du salaire direct et d'un salaire indirect ou différé ; et ceux qui constituent l'armée de réserve moderne forment un sous-prolétariat assisté qui pèse de façon indirecte mais efficace sur la valeur de la force de travail salariée.

C. Meillassoux distingue (46) "trois fractions principales du prolétariat". "La première est celle du prolétariat intégré ou stabilisé, qui reçoit le salaire direct et indirect, ou, en d'autres termes, dont la force de travail est théoriquement achetée à son prix de production".

"La seconde est constituée par le prolétariat-paysan qui ne reçoit du capitalisme que les moyens de la reconstitution immédiate de sa force de travail, mais non ceux de son entretien et de sa reproduction, moyens qu'il se procure lui-même dans le cadre de l'économie domestique".

"La troisième est faite du prolétariat qui n'a aucun moyen de reproduction dans aucun secteur". C'est la main d'œuvre migrante, qui n'a accès qu'au "marché inférieur du travail, le plus instable et le plus mal payé". Ce sont les travailleurs immigrés auxquels "les protections, les garanties, les droits acquis par les travailleurs nationaux... sont soit partiellement accordés, soit refusés. Or l'importance du phénomène nous interdit de le considérer comme un cas à part, comme une anomalie" (47).

Ceci étant posé, il faut admettre qu'en période de chômage massif, même si ce chômage garde un caractère sélectif et frappe d'abord les étrangers (cas spectaculaire du volant de main d'œuvre en Allemagne de l'Ouest), il frappe *aussi* "les travailleurs nationaux". L'absence du droit au travail pour toutes les fractions du prolétariat peut faire régresser la partie "intégrée" vers un état plus mobile et plus docile.

En second lieu, le système d'assistance et celui de sécurité ne sont pas statiques, ils se développent et se contractent en fonction de l'état des rapports sociaux, en particulier de l'effet du chômage de masse sur l'ordre social. Il peut y avoir un effort patronal de compression du salaire indirect, c'est-à-dire de **dépréciation** de la force de travail relativement à la pleine reconnaissance de la valeur de reproduction de celle-ci. D'autre part la plus ou moins grande tolérance envers les assistés dépend non seulement du nombre de ceux-ci et de leur effet sur "la paix sociale", mais aussi de la possibilité de maintenir comme norme dominante le travail salarié - ce que montrent Piven et Cloward.

Pivent et Cloward analysent le système public de "welfare" aux Etats-Unis pour comprendre quel rôle il joue, et expliquer pourquoi il s'étend ou se contracte suivant les périodes. Son rythme cyclique dépend de ses fonctions principales : maintien de l'ordre social périodiquement menacé par l'instabilité capitaliste et les ripostes des victimes, renforcement de la discipline au travail. Le chômage massif des périodes de dépression ou de transformation rapide des conditions de production, s'il se combine avec une forte agitation sociale, appelle un développement de l'assistance publique dont les modalités changent, mais qui reste soumise aux impératifs de la restauration de l'ordre par le maintien ou la restauration des normes du travail salarié. Piven et Cloward en font la démonstration en examinant le développement de l'assistance aux Etats-Unis pendant la Grande Dépression, puis, après la période de stabilité politique et sociale allant de 1940 à 1960, le nouvel essor du "welfare" au cours des années 1960, sous l'effet des désordres urbains dus à la migration massive des Noirs du sud vers les cités du nord.

La "guerre contre la pauvreté" du Président Johnson se distingua des mesures anglaises sur les pauvres prises au XIXe siècle, surtout par une intervention financière et administrative directe et massive de l'Etat dans la gestion de l'assistance. Le gouvernement central est entré en rapport avec les ghettos noirs, court-circuitant les autorités des Etats et des localités. Comme au XIXe siècle, l'initiative étatique était seule capable de donner à l'assistance un caractère stratégique global : maintien des ghettos, du sous-emploi, de la pauvreté, non comme ferments de désordre, mais comme éléments de la reproduction capitaliste.

Par contre, alors qu'auparavant les villes et communes géraient l'assistance définie par la législation, dans les années 1960 il fallut aussi une intervention centrale directe seule à même de surmonter les résistances locales. C'est que les données de la stratégie ont changé. La prise en compte d'une stratification de la classe ouvrière combinée avec l'adoption de normes globales de consommation, l'impératif du maintien de la discipline du travail, font que l'assistance doit à la fois entériner la discontinuité entre les ouvriers et les pauvres, et maintenir entre eux une certaine continuité. La gestion communale ou paroissiale doit céder le terrain à celle de l'État comme représentant direct à l'échelle globale des conditions sociales de l'accumulation.

L'idéologie qui s'est développée au cours des années 1960 fait des pauvres des gens différents, incapables, en raison de tares physiques ou de difficultés psychologiques ayant des racines familiales et culturelles, de s'adapter au marché du travail. Elle se greffe sur la différence historique entre la pauvreté des ouvriers de 1930, qui concernait des millions de travailleurs adultes blancs mis au chômage, et celle des années 1960 qui affectait notamment un nombre considérable de femmes noires chefs de famille. Les mesures d'aide risquaient alors de déboucher sur *une dissociation durable du droit à un revenu minimum et du devoir de travailler.* "Why work ? " (48). En engendrant cette question, le système d'assistance perdait sa fonction de maintien des normes du travail salarié. Les modalités de l'assistance s'adaptèrent à cette difficulté, dans la fin des années 1960, notamment par la suppression de l'aide financière aux pauvres en état de travailler (49). Il faut ajouter que la répression impitoyable du mouvement noir semble avoir été l'indispensable complément des modulations tactiques du programme fédéral de guerre contre la pauvreté.

La gestion publique de la force de travail, sous sa forme d'assistance publique aux pauvres contemporains du capitalisme, se maintient mais avec de nouvelles modalités, dans les Etats les plus modernes. Comme expression d'une mutation de l'insécurité prolétarienne, elle se combine avec un changement des droits ouvriers.

Hatzfeld analyse "la mutation de la sécurité-propriété à la sécurité-droit du travail" : "Au début du XIXe siècle la sécurité est un fait qui tient au régime de la propriété. Qui possède un capital ou un patrimoine a de ce fait ses assurances. Or la fin du XIXe siècle et le début du XXe siècle voient naître un nouveau type de sécurité fondé sur la reconnaissance d'un droit qui, nous le verrons, est en France en particulier, un droit du travail" (50). En même temps, à côté ou à la place des institutions d'assistance, sont apparues des formes nouvelles de gestion, celle des "assurances sociales".

Il y a cependant une certaine continuité des unes aux autres : c'est l'Etat qui, par sa législation et par des institutions spéciales, prend sous sa responsabilité la gestion d'une partie de la valeur de la force de travail. En France non seulement les organisations patronales ne font pas l'affaire, comme on l'a vu plus haut, mais les organisations ouvrières non plus. Ainsi les mutuelles du XIXe siècle qui ont tenté de survivre aux corporations ou de remplacer celles-ci, outre l'insuffisance de leurs moyens, avaient souvent des objectifs de nature différente, comme celui d'accorder des secours aux malades et celui de servir de fonds de grève et de résistance anti-patronale. Ce fut le cas de la société de secours mutuel formée par les canuts lyonnais en 1828, qui soutint la révolte de 1831 contre les patrons. La gestion d'une partie de la valeur de la force de travail ne peut donc être prise en main par aucune des deux parties en cause, les capitalistes et les ouvriers : si l'une ou l'autre le fait, c'est au risque d'introduire des pratiques de classe pouvant entrer en contradiction avec l'objectif de l'assistance ou avec celui de l'assurance sociale (par exemple spéculation financière des patrons, ou utilisation des fonds de secours pour le soutien des luttes par les ouvriers). L'Etat bourgeois peut, par contre, gérer directement, ou imposer un cadre de gestion, de façon telle que soient imposés aux deux classes antagonistes les intérêts d'ensemble de la reproduction du capital.

III - Unité et fractionnement du prolétariat

1) Les différents systèmes

Le droit de l'assurance se distingue du droit à l'assistance en ce que les éléments d'incertitude et d'arbitraire sont beaucoup plus réduits. Ainsi la détermination des "ayants-droit" repose, dans le cas de l'assistance même légalement organisée, sur des critères sociaux divers utilisés par des organes administratifs qui examinent les situations des demandeurs. Ceux-ci sont alors en butte à un certain arbitraire. Il en va de même aujourd'hui. Piven et Cloward montrent ce qui se produisait lors d'une phase restrictive de l'assistance, à la fin des années 1950. Par exemple dans la région de New-York, des mères de famille très gênées financièrement n'avaient pas demandé d'aide soit parce qu'elles croyaient qu'elles n'y avaient pas droit, soit parce qu'elles pensaient toucher trop peu eu égard au tracas des démarches à faire, ou parce qu'elles avaient subi diverses humiliations lors de leurs précédentes tentatives (51). Les listes d' "ayants-droit" à l'assistance peuvent être ainsi considérablement réduites (ou à l'inverse augmentées), selon la conjoncture et les mesures prises par le gouvernement à l'égard de l'administration elle-même. Cet arbitraire de la gestion n'est pas dû à la négligence d'une mauvaise administration. Il est *adapté au droit à l'assistance*, dont les bénéficiaires doivent rester convaincus de la supériorité du travail sur l'oisiveté.

Dans le cas de l'assurance il en va autrement, mais sans que l'on sorte pour autant de l'univers du droit bourgeois. Du fait que les ayants-droit cotisent (directement ou indirectement par les versements patronaux) le droit de l'assurance est plus sûr que celui de l'assistance : "Sans conteste, dans la mesure où il se présente comme un cas particulier du droit de propriété : j'ai payé, j'ai versé, j'ai droit... le droit du travail n'est point ici en rupture avec le droit de propriété, c'est grâce à lui qu'il s'introduit dans notre droit" (52). Il n'y a pas un droit ouvrier qui serait symétrique du droit bourgeois. La mutation "de la sécurité-propriété à la sécurité-droit du travail", pour importante qu'elle soit, conserve la priorité du droit de propriété. Aussi bien, quelles que soient les transformations, il n'y a pas de "droit au travail". Certes "chacun a le devoir de travailler et le droit d'obtenir un emploi", dit le préambule de la Constitution française de 1946. Mais l'emploi n'est pas garanti institutionnellement : au contraire l'assurance contre le chômage ne fait que remédier d'une certaine façon à l'insécurité de l'emploi, inévitable, car inhérente à l'accumulation capitaliste. A la différence des politiques conjoncturelles de l'emploi, le droit au travail, s'il existait, dépouillerait la force de travail de son caractère de marchandise. Il introduirait dans le droit bourgeois des éléments de sape de celui-ci.

Nouveau droit du travail, nouvelles institutions : la Sécurité sociale en France en est un exemple. Elle montre bien que l'incertitude de la condition ouvrière peut être considérablement réduite, ou modifiée, mais aussi qu'elle ne peut être supprimée. L'insécurité majeure, celle de l'emploi, concerne toute la classe ouvrière, même si le chômage n'en frappe qu'une partie.

Hatzfeld remarque que le système de Sécurité sociale n'a pu s'instaurer et fonctionner qu'en allant de pair avec une politique de l'emploi. Il faut que la force de travail en activité puisse payer (cotise) pour la force de travail hors d'usage. Le chômage ne saurait donc être général et permanent, sous peine d'épuisement des fonds d'assurance. Réciproquement, la relative dissociation entre emploi et consommation - les chômeurs touchant une allocation peuvent continuer à consommer sans travailler - permet une nouvelle connexion des deux - la consommation des chômeurs étant une dépense qui alimente la demande de travail, selon le schéma keynésien de détermination du revenu global. L'entretien des chômeurs permet en ce sens de limiter l'extension du chômage - contrairement aux idées libérales selon lesquelles l'assurance-chômage crée les chômeurs qu'elle assiste. Il permet donc de maintenir un certain niveau du salaire. Ainsi d'une part la relative sécurité des chômeurs dépend d'une limitation du chômage, du maintien au travail de salariés qui cotisent, d'autre part la relative sécurité des travailleurs employés dépend de l'assurance chômage qui entretient des consommateurs. La politique de l'emploi qui va de pair avec le système d'assurance-chômage implique donc le calcul de proportions convenables entre chômeurs et non chômeurs, la détermination quantifiée des prestations par rapport aux salaires, soit tout un système de comptes qui transforme la gestion. Mais elle ne supprime pas, elle organise plutôt l'armée de réserve ; celle-ci se divise, en travailleurs "normaux" temporairement exclus de leur emploi par l'instabilité capitaliste et en "marginaux" relevant d'un droit particulier, en Blancs et Noirs, travailleurs nationaux et travailleurs étrangers, etc... : éléments stratifiés et pourtant nécessairement complémentaires les uns des autres.

2) Péréquation et inégalités

La péréquation des risques varie selon le système de financement. Les assurances françaises ont d'abord suivi le régime de la capitalisation, encore en vigueur aux Etats-Unis. On a évoqué plus haut certains des problèmes que pose le fonctionnement de ce régime, à savoir le risque monétaire et financier, qui fait que les ouvriers cotisants participent directement à un risque capitaliste.

En l'absence d'un mécanisme institutionnel de péréquation sociale, les fonds d'assurance et de pension, qui aux Etats-Unis fournissent une masse d'épargne contractuelle au capital, manquent de garantie financière. Ainsi "le travailleur américain moyen qui a cotisé toute sa vie active à un fonds de pension privé obtient moins de 25 % de son salaire terminal en prestations de retraite... quand il obtient quelque chose ! En Europe, le pourcentage varie entre 50 et 70 % et les prestations sont garanties" (53).

Le régime de la répartition, à la différence de celui de la capitalisation, centralise les cotisations perçues et verse aux ayants-droit des prestations dès la première année de mise en route du système. La condition en est, comme on l'a dit, que se renouvelle constamment la population laborieuse source de cotisations. Quand cette condition n'est pas remplie, la proportion requise entre "actifs" et "inactifs" se dégrade et un problème de financement se pose. On le voit avec les régimes spéciaux de la Sécurité sociale française ceux des mineurs et des cheminots dont les effectifs en activité diminuent, et qui pour cette raison sont devenus déficitaires. En 1959, dans le régime spécial minier, il y avait un cotisant (travailleur actif) pour un pensionné, alors qu'en 1974 on comptait un cotisant pour quatre pensionnés. Peu importe, quand le régime général comble la différence. Mais en période de chômage et de crise, c'est l'ensemble de la Sécurité sociale qui se trouve affecté par la baisse de la progression des rentrées relativement à l'augmentation de la progression des charges. De toute façon, le principe de la péréquation des risques suppose la reproduction incessante d'une force de travail en activité qui doit payer pour une force de travail hors d'usage. *La forme non marchande d'entretien du travailleur est conditionnnée par sa forme marchande.*

Le problème du rapport entre valeur quotidienne et valeur de reproduction de la force de travail est de nouveau posé, non plus au niveau des principes (la valeur de reproduction étant socialement reconnue), mais au niveau des aménagements du financement. Si les intérêts patronaux sont affectés, il se constitue des circuits parallèles destinés à échapper aux règles publiques.

Un exemple en est donné par la constitution, en 1973, de la société commerciale nommée "Securex". Depuis les accords de "mensualisation" des salaires, les motifs d'un arrêt de travail peuvent être contrôlés par une contre-visite ne ressortissant pas au contrôle habituel de la Sécurité sociale. Pour éviter de verser le complément des indemnités journalières qui doivent, depuis la "mensualisation", être versées par l'entreprise, une partie des employeurs fait effectuer le contrôle de "l'absentéisme" par des médecins que recrutent des intermédiaires commerciaux comme Securex, qui n'appliquent pas le contrat-type élaboré par le Conseil de l'Ordre des médecins. Ce dernier a même été amené à faire "de multiples et sévères observations" à ce sujet (54). Ainsi dans le cadre de conventions collectives permettant une meilleure couverture du risque de maladie, une partie du patronat essaie de se dérober en évitant même les règles fixées par un organisme aussi conservateur que l'Ordre des médecins : certains ont parlé d'une "milice privée" de médecins organisée d'abord dans la sidérurgie et la métallurgie du Nord, puis dans la région parisienne. Non seulement la formulation, mais l'application de certaines garanties institutionnelles contre les risques auxquels sont exposés les ouvriers, sont l'objet de luttes au cours desquelles une partie des capitalistes se trouve amenée à réagir en dehors des conventions ratifiées par l'ensemble de leur classe. L'incertitude concernant l'issue de ces mises en cause fait aussi partie de l'insécurité prolétarienne. *Il n'y a pas d'évolution progressive linéaire de l'intégration des ouvriers au système, même en ce qui concerne la fraction "stabilisée" du prolétariat.*

D'autre part s'il se produit en période de crise un déficit de l'ensemble de la Sécurité sociale, comblé par une subvention de l'Etat (dont le budget est également en déficit), un problème nouveau apparaît : la valeur de reproduction de la force de travail a beau être **socialement reconnue**, elle n'est plus **socialement validée** par des prestations correspondants à des versements effectifs : elle est seulement "étatiquement validée", ce qui constitue une "pseudo-validation sociale" (55). Le système de Sécurité sociale prend alors, sous l'effet conjoint de la récession et de la dépense publique, un caractère inflationniste, qui pose le problème de la dépréciation de la force de travail (56), notamment par un retour vers la "valeur quotidienne" de cette force. On peut remarquer que, par divers biais, ce retour est souvent tenté par la mise en œuvre de réformes du financement, mais qu'en l'état actuel du rapport des classes dans les pays capitalistes développés, il n'est pas envisagé de manière "frontale" (57).

Le système de répartition, comme système de péréquation sociale des risques, n'est pas un acquis intangible de la classe ouvrière, ni même de la fraction dite "intégrée" de celle-ci. De plus, il reproduit à sa façon l'injustice fondamentale du régime social. Non seulement il n'effectue pas une redistribution des revenus ni une réduction des inégalités, mais il a un caractère régressif qui fait que, malgré ses objectifs initiaux en France par exemple, "les pauvres payent toujours pour les riches" (58).

Dans le cas des travailleurs étrangers qui cotisent aussi, mais bénéficient de prestations inférieures, tout en ayant les salaires les plus bas et les emplois les moins stables, la péréquation sociale des risques devient en grande partie fictive. La part des cotisations sur les salaires des assurés étrangers est supérieure à la part de ces mêmes salaires dans la masse salariale totale distribuée, cependant que les prestations par assuré sont inférieures à celles que perçoivent les travailleurs français. Un prélèvement net s'effectue, du salarié étranger vers l'inactif autochtone. Dans le cas des travailleurs étrangers, la norme capitaliste de reproduction, quand elle prend en compte la valeur totale de la force de travail, joue pour les cotisations à verser, non pour les prestations à recevoir.

Dans le cas des ouvriers autochtones, on trouve des effets régressifs analogues, par exemple avec l'assurance vieillesse en France. Ce sont 37,5 années de cotisations qui sont prises en compte pour le calcul des pensions. Un salarié de 55 ans qui travaille depuis l'âge de 18 ans, va encore verser pendant 10 ans des cotisations à la Sécurité sociale, sans améliorer pour autant ses droits à pension : il cotise "pour rien", c'est-à-dire sans effet positif sur la valeur de reproduction de sa force de travail. Là encore cependant s'opère un transfert de revenus, vers les cadres cette fois, par le jeu du plafonnement des cotisations. Ainsi la reconnaissance sociale de la valeur de reproduction de la force de travail n'entraîne pas de charges supplémentaires pour le capital, et n'affecte pas la plus-value, dans la mesure où la péréquation sociale des risques s'effectue entre travailleurs, ou permet des transferts notamment "des pauvres vers les riches", perpétuant ainsi les divisions de classe.

La gestion étatique de la partie de la force de travail non directement rémunérée par le capital variable, obéit à des normes capitalistes permanentes : discipline du travail, insécurité de l'emploi, approvisionnement en force de travail prolétarienne au moindre coût possible. Même quand les modalités se transforment, de l'assistance à l'assurance ou à la Sécurité sociale, la forme de la gestion étatique doit renvoyer à la contrainte capitaliste du travail salarié, condition de la prise en charge, par des institutions non capitalistes, de la force de travail "démonétisée".

Lorsqu'il était nécessaire et suffisant d'agir par une législation de mise en œuvre d'institutions publiques décentralisées, gérées localement, comme les "workhouses" anglaises, cela indiquait que les rapports capitalistes fonctionnaient dans un milieu social encore largement indépendant du règne de la marchandise et du salariat. Le rétrécissement de ce milieu a été en partie compensé par le changement du contexte non capitaliste sans lequel le capitalisme ne peut fonctionner. La gestion publique a du même coup changé de forme.

H. Hatzfeld indique qu'en France "la Sécurité sociale, sous la forme des assurances sociales, s'établit précisément au moment où s'effondre la sécurité de la rente" (59), minée par l'inflation consécutive à la première guerre mondiale. Cela a des implications sociales quant à l'extension du salariat. Cela veut dire aussi qu'au plan monétaire et financier les conditions de "l'épargne de travail" ne sont pas les mêmes que celles de "l'épargne de propriété". L'instauration de l'inconcertibilité de la monnaie (60) est contemporaine d'une nouvelle configuration des rapports sociaux, au cœur desquels cependant subsiste l'exploitation de la force de travail par le capital avec le concours de l'Etat.

Cette exploitation n'est pas un problème de répartition politique des revenus entre le capital et le travail, la part des profits relativement aux salaires (P/W) étant considérée à la place du rapport entre plus-value et capital variable (S/V). Au contraire : les modalités et les limites de toute répartition politique des revenus sont déterminées par les contraintes de l'exploitation capitaliste.

C'est ce que l'on a tenté de montrer en examinant sommairement un aspect de la gestion étatique de la force de travail comme marchandise particulière. L'objet et la forme d'une telle gestion, quel que soit le rapport des forces, sont circonscrits par les caractères du salariat capitaliste.

NOTES

(1) Dans "Idéologie et appareils idéologiques d'Etat", *La Pensée*, Juin 1970.
(2) Dans *Essai sur les origines du capital public de fonds sociaux*, thèse 1974.
(3) Dans *Femmes, greniers et capitaux*, Maspéro, 1975.
(4) Opus cit., p. 152-153.
(5) Meillassoux étudie l'exploitation de la communauté domestique par le capitalisme, ce qui n'est pas l'objet de l'étude faite ici.
(6) *Le Capital*, tome 2, p. 206.
(7) *Le Capital*, tome 1, Editions Sociales, p. 174.
(8) *Id.*, p. 175.
(9) F. et M. Pelloutier, *La vie ouvrière en France*, Paris 1900, réimpression, Maspero, 1975, p. 336-337.
(10) *Le Capital*, tome 1, p. 174.
(11) *Le Capital*, tome 3, Editions sociales, p. 178 et suivantes.
(12) *Id.*, p. 181.
(13) Ricardo, *Principes de l'économie politique et de l'impôt*, trad. franç., Calmann Lévy, p. 68.
(14) *Id.*,
(15) *Id.*, p. 76-77.
(16) *Le Capital*, tome 3, p. 81.
(17) *Id.*, p. 82.
(18) Sismondi, *Nouveaux principes d'économie politique*, Ed. Calmann Lévy, p. 356-359.
(19) C. Ravel, *Questions d'économie politique*, Colloque du CERM, p. 34.
(20) *Traité d'économie politique*, Ed. Calmann Lévy, p. 377.
(21) Cité par H. Hatzfeld, dans *Du paupérisme à la Sécurité sociale 1850-1940*, A. Colin, 1971, p. 97. En ce qui concerne l'application de cette idée dans les finances publiques, cf. X. Greffe, "L'approche contemporaine de la valeur en finances publiques" *Economica* 1972 p. 70 et suivantes.
(22) Hatzfeld, *opus cit.*, p. 110.
(23) Rapport Villermé, *Etat physique et moral des ouvriers*, Editions 10/18, p. 134.
(24) *Opus cit.*, p. 129-130.
(25) J.C. Stora, *Le marché financier américain*, PUF, Coll. sup., 1974, p. 44.
(26) *Id.*, p. 45.
(27) *Opus cit.*, p. 162-163.
(28) *Id.*, p. 140.
(29) F.F. Piven et R.A. Cloward, *Regulating the Poor*, Tavistock Publications, 1972, p. 9 et suivantes.
(30) Piven et Cloward, *opus cit.*, chapitre I.
(31) Sismondi, *opus cit.*, p. 275.
(32) Sismondi, *opus cit.*, p. 302-304.
(33) Cf. Les Principes, *opus cit.*, p. 67-68.
(34) J.B. Say, *Traité d'économie politique*, Ed. Calmann Lévy, p. 504-506
(35) *Le Capital*, tome 3, p. 86.
(36) *Id.*, p. 86-87.
(37) Cf. *Les luttes de classes en France*, Editions sociales, p. 54-55.
(38) *Id.*, p. 70.

(39) Selon l'expression de H. Hatzfeld, *opus cit.*, p. 188.

(40) Hypothèse notamment développée par M. Aglietta, dans *La régulation du mode de production capitaliste dans la longue période (Exemple des Etats-Unis)*, Thèse, 1975. Marx "nomme *plus-value absolue* la plus-value produite par la simple prolongation de la journée de travail, et *plus-value relative* la plus-value qui provient au contraire de l'abréviation du temps de travail nécessaire et du changement correspondant dans la grandeur relative des deux parties dont se compose la journée" (*Le Capital*, tome 2, p. 9-10). Avec le caractère central du rapport surtravail/travail nécessaire, la valeur de la force du travail est un enjeu décisif.

(41) Titre de l'ouvrage de Hatzfeld.

(42) Dans *Poverty : a study of Town Life*, Londres, 1901, cité dans *Poverty, inequality and class structure*, édité par D. Wedderburn, CUP, 2e éd., 1975, p. 17.

(43) *Opus cit.*, p. 198-199.

(44) *Id.*, p. 209.

(45) Expression de R. Miliband, dans *Poverty, inequality and class structure. opus cit.*

(46) *Opus cit.*, p. 197-200.

(47) Hatzfeld, *opus cit.*, p. 28.

(48) Piven et Cloward, *opus cit.*, p. 341.

(49) *Id.*, p. 344-345.

(50) *Opus cit.*, p. 27.

(51) *Opus cit.*, p. 149 et suivantes.

(52) Hatzfeld, *opus cit.*, p. 78-79.

(53) Aglietta, *opus cit.*, p. 310.

(54) Cf. communiqué à la presse professionnelle du 19 sept. 1975, sur les contre-visites à l'occasion des arrêts de travail.

(55) Pour une explication de ces termes, cf. annexe n° 1, p. 109.

(56) Cf. "Une analyse marxiste de l'inflation", par S. de Brunhoff et J. Cartelier, *Chronique sociale de France*, 4, 1974, p. 59.

(57) Cf. chapitre 3, Le développement de l'emploi d'une main-d'œuvre non assurée en Italie ou en France.

(58) Cf. l'article de J.P. Dumont sur les trente ans de la Sécurité Sociale, *Le Monde*, 2 et 3 novembre 1975, et *Economie Financière*, par H. Brochier, P. Llau et Ch.A. Michalet, PUF Thémis, 1975, p. 469.

(59) *Opus cit.*, p. 317-318.

(60) Examinée dans le chapitre suivant.

CHAPITRE II

LA GESTION ÉTATIQUE
DE LA MONNAIE

La gestion de la force de travail appelle une intervention extérieure au circuit capitaliste A-M-A' dans lequel la "valeur de reproduction" de la marchandise particulière M n'est pas reconstituée ; les traits de cette intervention sont déterminés par les besoins du capital en quantité, qualité et coût de la force de travail salariée. Il en va de même pour la monnaie dont la reproduction comme équivalent général implique une action étatique à la fois extérieure et immanente à la circulation du capital. L'intervention de l'Etat ne crée pas la forme monnaie, qui se constitue dans la circulation marchande, mais elle contribue à la déterminer comme telle.

C'est le cas dès avant le capitalisme, lorsque se développe une circulation marchande dans laquelle la monnaie joue inévitablement un rôle, les marchandises ne pouvant s'échanger directement entre elles. La fixation d'un étalon des prix comme unité de mesure, le monnayage des métaux précieux en pièces frappées de signes permettant d'identifier leur provenance et leur capacité d'achat, furent l'enjeu de conflits entre rois, seigneurs, marchands, la souveraineté monétaire étant un des attributs du pouvoir. La monnaie du capitalisme hérite cela, inévitablement, bien qu'elle tende à devenir avant tout monnaie de crédit privée qui naît et s'éteint dans les relations entre banques et entreprises. La gestion étatique se modifie alors : elle comporte l'action d'une banque centrale émettrice d'une monnaie qui lui est propre, dans un système bancaire dont les parties sont articulées entre elles selon des règles fixées par l'Etat. Avant d'examiner ces règles, et de voir comment, dans certains cas, leur mise en œuvre peut être appelée "politique monétaire", il faut rappeler les conditions et les formes générales de la gestion étatique de la monnaie dans le capitalisme.

I - Les formes

1) Marchandise, monnaie, crédit

La méthode de Marx dans *Le Capital*, consiste à partir en amont du circuit capitaliste, pour analyser la monnaie dans la circulation marchande où les valeurs d'usage se constituent en valeurs d'échange. Avant le circuit A-M-A', c'est la chaîne des trasactions M-A-M (Marchandise-Argent-Marchandise) qui se trouve analysée.

Les marchandises ne s'échangent pas directement les unes contre les autres. Comme produits d'un travail utile, ce sont des biens physiquement différents les uns des autres : une table , un kilo de blé, un chapeau. Ces objets hétérogènes deviennent commensurables quand ils acquièrent une valeur d'échange, comme produits d'un travail effectué et réalisé dans des rapports sociaux particuliers. Il s'agit du travail abstrait, créateur de valeur d'échange, qui est, comme dépense de force humaine, "par hypothèse travail de l'individu isolé", dit Marx : c'est-à-dire qu'il renvoie à un fractionnement du travail social entre des individus qui n'ont de commun que leur qualité de fournisseurs de travail. "Il n'y a que les produits de travaux privés et indépendants les uns des autres qui se présentent comme marchandises réciproquement échangeables". Ainsi la marchandises n'est pas seulement un objet économique, elle comprend des rapports sociaux particuliers.

"Les travaux privés, c'est-à-dire les différents éléments du procès de travail social, ont à faire la preuve de leur caractère social. Ceci s'effectuera par l'échange des produits de ces travaux sur le marché.

Considérons un échange isolé, accidentel : x quantité de A = y quantité de B. Le producteur de A a produit ce qui à ses yeux est une non-valeur d'usage (il s'en défait) : c'est une valeur d'échange pour le marché. Cette valeur d'échange n'est telle que parce qu'elle constitue une valeur d'usage pour le possesseur de B. Ceci se manifeste par l'équivalence de cette valeur d'échange avec son contraire, la valeur d'usage B. La marchandise B, dont la valeur d'usage exprime la valeur d'échange de A est dite équivalent.

Considérons maintenant des échanges généralisés. Une marchandise, celle dont la matière va servir à exprimer la valeur d'échange de toutes les autres, sera l'équivalent général. Par là même elle sera exclue des marchandises puisqu'elle sera la seule à ne pouvoir faire face à un équivalent. Ce rôle d'équivalent général dévolu à l'or pour des raisons tenant à ses propriétés physiques (valeur d'usage) est une détermination essentielle à la monnaie, à laquelle sont soumises, en dernière instance, toutes ses formes spécifiques. Il n'est pas dans la nature de l'or d'être monnaie, mais c'est la nature du rapport social qu'est la monnaie qui explique l'importance de l'or.

Cette "polarité" monnaie-marchandises s'exprime par la nécessité absolue pour les marchandises de se convertir en monnaie. Ainsi se manifeste, de façon déterminée, par un "rapport nécessaire entre choses", le fractionnement du procès social de travail, c'est-à-dire un "rapport social" (1).

La nécessité d'une validation sociale des travaux privés se manifeste notamment par ce que Marx appelle "le saut périlleux de la marchandise", qui doit sur le marché faire la preuve de sa valeur d'échange en étant vendue contre argent. Il s'agit là d'une "contrainte monétaire" qui exprime les conditions sociales de toute production de marchandises.

Il n'y a pas pour autant de "mode de production marchand" ; mais toute formation économique et sociale où s'effectuent une production et une circulation de marchandises pose le problème de la combinaison des rapports de production qui la caractérisent avec les rapports sociaux marchands. Les seules "vraies" marchandises ne sont pas les marchandises capitalistes, avant lesquelles on ne pourrait parler que de pseudo ou de quasi-marchandises. Il en va de même pour la monnaie, inséparable de la circulation marchande. D'une part, toute formation sociale utilisant l'équivalent général a nécessairement certains caractères la rendant propre à cet usage. D'autre part, la manière dont fonctionne l'équivalent général est affectée par les rapports de production dominants. Ces deux aspects conduisent à étudier la monnaie capitaliste et sa gestion étatique en rapport d'une part avec les contraintes de la circulation marchande, d'autre part avec le système de crédit propre au capitalisme.

Les différentes fonctions et formes de la monnaie doivent être analysées sans perdre de vue la reproduction de l'équivalent général contre lequel toutes les marchandises peuvent être échangées. La transaction M-A (marchandise/monnaie, par exemple vente d'une table contre 10 pièces d'or valant 10 francs au total) s'effectue avec l'établissement d'un rapport d'équivalence entre M et A, A étant mesure de la valeur d'échange de M, et exprimant, par sa fonction de numéraire le prix de M. L'étalonnage détermine des unités de compte fixes et homogènes entre elles (le poids de 10 pièces d'or représentent 10 fois celui d'une pièce d'or). Dans la circulation marchande se fixe en outre un rapport entre un certain poids d'or et une unité monétaire dont le nom (sou, livre, dollar, franc) et le cours (1 sou représente au XIV siècle 32 cg. d'or, trois livres sterling 17 sh. 10,5 d. en 1820 une once d'or, un dollar, en 1970, 1/35 d'once) naissent de l'expérience mais doivent être entérinés par une institution. Ici intervient une première sorte de gestion étatique, coextensive de la souveraineté de l'Etat, et qui consiste à fixer le cours officiel d'au moins une des monnaies en circulation dans un espace déterminé, celle dont la frappe ou l'émission sont assurées par l'Etat.

2) Pyramide de la monnaie et rôle de l'Etat

De ce point de vue, la gestion étatique de la monnaie, quoique très différente selon les stades historiques, paraît être "répétitive". "On pourrait par exemple comparer l'ordonnance royale française de 1315, édictée par Louis X, et réglant le droit de frappe au profit de l'Etat, avec le Banking Act anglais de 1844, réglant l'émission de billets de banque au profit de la Banque d'Angleterre, organisme para-étatique quoique privé. Dans les deux cas, les émetteurs privés voient leur action restreinte ou annulée en relation avec un phénomène de centralisation, la monnaie, au moins sous l'une de ses formes, apparaissant comme "une fonction d'Etat". De même les mutations monétaires (dépréciations ou appréciations de la monnaie métallique) opérées par les Etats anglais et français jusqu'au début du XVIIIe siècle, ressemblent aux dévaluations et réévaluations des monnaies nationales réalisées par les Etats depuis la première guerre mondiale, même si les effets en sont tout à fait différents" (3).

Cela ne veut pas dire que l'Etat dirige la monnaie ou se trouve en mesure d'en contrôler la quantité globale et par là (pour ceux qui adoptent la thèse quantitative), la valeur. Non, cela signifie seulement que l'Etat participe nécessairement à la reproduction de l'équivalent général. Pour que celle-ci s'effectue, il faut notamment que les diverses formes de monnaie circulant ensemble à un moment donné soient échangeables les unes contre les autres, à un taux donné. Le vendeur qui reçoit en paiement un chèque de 10 F doit pouvoir obtenir en échange un billet de 10 F de la Banque centrale, ou 10 pièces de 1 F, et cela à Lyon aussi bien qu'à Paris, et dans une banque quelconque. Puisqu'il y a dans une sphère nationale à un moment donné plusieurs sortes de monnaies, il faut et il suffit que l'Etat garantisse en quelque sorte leur qualité monétaire, ce qui est le cas tant qu'elles restent convertibles en la monnaie dont l'Etat est directement responsable. Et comme il y a plusieurs Etats, il faut que se vérifie la convertibilité des monnaies nationales entre elles, ce qui suppose une monnaie internationale mise en circulation selon des règles de gestion fixées et admises par les Etats.

Si l'on prend pour formes principales de monnaie dans le mode de production capitaliste, la monnaie de crédit privée, la monnaie nationale, la monnaie internationale, la question est de savoir comment interpréter leur articulation en quelque sorte pyramidale, admise par la plupart des descriptions.

La monnaie de crédit privée figure à la base de la pyramide. Elle se forme et se détruit principalement dans les transactions entre banques et entrepreneurs. Un entrepreneur emprunte des moyens de paiements à sa banque pour régler des dépenses de préfinancement. Il devra rembourser la banque au terme d'un délai fixé par contrat, et pourra le faire s'il a vendu sa marchandise. La banque qui effectue le prêt émet de la monnaie qui anticipe la production et la vente de la marchandise. Cela correspond bien au mouvement de circulation du capital, dont la première transaction est A-M : le capital-argent A peut appartenir à l'entrepreneur lui-même ou être emprunté. Au terme du circuit A-M-A', la banque doit être remboursée par l'entrepreneur dont la dette est alors vraiment réglée : la validation privée anticipée des activités de l'entreprise par le crédit, est devenue une validation sociale effective.

Cependant les moyens de paiement bancaires dont s'est servi l'entrepreneur pour préfinancer son activité, étaient émis par une banque privée. Pour que les transactions puissent se faire autrement qu'à une échelle locale limitée, il faut que les monnaies bancaires soient convertibles entre elles. ''Or, chaque banque a sa propre monnaie, équivalent général seulement dans son propre circuit. La convertibilité entre les différentes monnaies bancaires s'effectue alors par la seule médiation de la monnaie nationale, c'est-à-dire la monnaie Banque centrale, lieu de la convertibilité des monnaies bancaires en monnaie nationale ; convertibilité, cela signifie signes de valeur rendus équivalents ou encore équivalence générale des monnaies bancaires libellées en une seule unité de compte, la monnaie nationale" (4). C'est une condition nécessaire, quoique non suffisante, de "vérification en dernière analyse de la reproduction de l'équivalent général par la Banque centrale" (5).

On retrouve ici, sous un second aspect découlant du premier (émission d'une monnaie à un cours fixé) le caractère à la fois immanent et extérieur de la gestion étatique de la monnaie. Si la convertibilité entre monnaies bancaires privées ne s'effectue pas en un lieu central selon des règles déterminées, la circulation monétaire a un caractère chaotique, qui gêne le développement des transactions. Tous les pays capitalistes ont, sous une forme ou une autre, pratiqué une action monétaire centralisatrice de caractère étatique au cours du XIXe siècle. La possibilité de convertir les diverses monnaies bancaires privées en une monnaie commune émise par l'Etat s'est trouvée assurée par le développement de systèmes bancaires reliant les banques privées à la Banque centrale selon des règles déterminées. Les choses n'ont pas changé, si ce n'est que la manière dont s'opère la convertibilité s'est modifiée avec les formes de la monnaie, comme on le verra plus loin.

Il en va de même, dans le cas des "changes fixes", pour le rapport entre monnaie nationale et monnaie internationale. Soit l'obligation pour la Banque centrale, dans le cas de taux de change fixés par rapport au dollar puis comme unité de compte, de gérer la monnaie nationale dans des marges fixées à l'avance. Le taux officiel étant par exemple de 5 F = 1 dollar, la Banque de France doit prévenir des fluctuations supérieures à 2,25 % autour de ce taux. Elle doit acheter des dollars si cette monnaie baisse par trop, ou au contraire en vendre si sa hausse est supérieure à la marge de fluctuation admise. Il y a une "vérification" de la monnaie nationale par rapport à une monnaie internationale de référence.

De même que les monnaies bancaires privées doivent être vérifiées comme monnaie dans leur convertibilité avec la monnaie émise par la Banque centrale, second niveau de la pyramide, de même les diverses monnaies nationales doivent être convertibles entre elles. "Le marché des changes en est le lieu. Et c'est par le besoin de monnaie universelle qu'apparaîtra la nécessité de solder le compte des banques centrales" (6). Ce second niveau de la pyramide en requiert lui-même un troisième, celui d'une monnaie internationale. L'existence de cette monnaie est rendue nécessaire notamment par l'incapacité des monnaies nationales à servir de moyen de paiement en cas de solde débiteur d'un pays par rapport à un autre. De même qu'une banque privée ne peut régler sa dette envers une autre banque privée en émettant de la monnaie sur elle-même (qui serait simplement une nouvelle dette, et non un règlement), de même une Banque centrale ne peut régler la dette nationale envers un pays étranger en émettant de la monnaie nationale ; les U.S.A., en pratiquant ce système contraire aux exigences d'un règlement monétaire effectif, ont profité de la situation d'après la seconde guerre mondiale, à la fois de leur énorme stock d'or et du rôle du dollar comme monnaie dominante ; le gonflement de leur dette en dollars ne constitue nullement un règlement en monnaie, mais "la promesse d'un paiement sans cesse différé" (7). Ainsi le troisième niveau, celui de la monnaie internationale, se trouve-t-il actuellement perturbé, l'or ne jouant plus le rôle de monnaie universelle mais n'étant pas vraiment remplacé.

Avant d'indiquer la modification des règles de gestion étatique (survenue principalement après la grande crise des années 1930), il faut préciser qu'aucune des trois monnaies. indiquées (monnaie bancaire privée, monnaie nationale, monnaie internationale) n'est hiérarchiquement supérieure aux autres comme véritable expression de la Monnaie. La disposition pyramidale signifie que la monnaie d'un niveau inférieur a besoin de la monnaie du niveau supérieur pour se reproduire comme monnaie. Mais tous les éléments du système se tiennent. On ne privilégie ni la monnaie bancaire privée (cas de la Banking School), ni la monnaie de la Banque centrale (cas de l'école quantitative américaine), ni la monnaie internationale (cas des tenants de l'étalon-or). La reproduction de la monnaie comme équivalent général implique le jeu combiné des trois niveaux.

II - Les règles

1) Les changements de cours

Les modalités de l'interaction des trois sortes de monnaies se sont modifiées à plusieurs reprises, d'abord avec l'instauration de systèmes bancaires effectivement centralisés, puis avec la suppression de l'or comme monnaie en circulation au plan national et ensuite au plan international. Ces problèmes sont liés, puisque l'instauration d'une centralisation bancaire nationale a suivi de peu l'adoption de l'or comme étalon monétaire, monnaie de réserve, et monnaie internationale.

a) La monnaie centrale au XIXe siècle

En observant le système bancaire anglais vers 1850, Marx écrivait : "La Banque centrale constitue le pivot du système de crédit. Et la réserve métallique est le pivot de la Banque" (8).

A cette époque, la libre convertibilité des monnaies "de papier" en or, était assurée dans le système centralisé tant que la conjoncture le permettait. La Banque d'Angleterre, pourtant banque privée quant à son statut juridique, fonctionnait selon des règles de gestion définies par la loi, notamment après 1844. L'émission de billets devait correspondre au maintien du stock d'or, selon l'obligation légale de couverture. Ce stock était lui-même la réserve centralisée des banques de Londres et de celles de province. On pouvait se demander en quoi la centralisation dans un organisme fonctionnant selon des règles légales était nécessaire : n'aurait-il pas suffi que chaque banque privée garantît elle-même la convertibilité en or de la monnaie qu'elle émettait ?

Il s'est avéré, d'après l'expérience anglaise des années 1820, et celle des U.S.A. jusqu'à la fin du XIXe siècle, que la concurrence entre banques privées, sans organisme central de gestion d'au moins une monnaie de crédit, fractionnait le marché national, faisait régner l'insécurité des paiements, et rendait le crédit très onéreux. On assistait alors à l'intervention de substituts de Banque centrale, comme les grandes banques de New-York avant l'instauration du Système de Réserve Fédérale ; mais ce système boiteux désavantageait le dollar comme monnaie nationale - et internationale - par rapport à la livre sterling. On ne pouvait donc faire l'économie d'une monnaie centrale gérée selon des critères particuliers, permettant de localiser les tensions de la reproduction de l'équivalent général à deux niveaux : celui des banques privées d'une part, celui du stock d'or national d'autre part.

La gestion centrale des crises monétaires avait alors un double aspect. D'une part la dévalorisation des créances se trouvait reportée sur les banques émettrices de monnaie privée et sur leurs clients, quand la Banque centrale refusait de prêter en dernier ressort, pour éviter une trop grande réduction de sa réserve métallique. Mais d'autre part la convertibilité en or pouvait être provisoirement suspendue : le cours forcé provisoire n'empêchait pas la crise économique et monétaire, mais il évitait une cessation générale des paiements, les billets de la Banque centrale étant acceptés partout. Le système était monté de telle sorte que le poids des crises portait sur le crédit privé, ce qui permettait les restructurations capitalistes nécessaires sans altérer pour autant la stabilité de la monnaie nationale. Sans doute cette activité centralisée de la Banque d'Angleterre exprimait-elle un certain compromis entre diverses fractions capitalistes : si Manchester incarnait le capital industriel et Londres le capital de prêt, si "l'école bancaire" (Banking School) voulait privilégier l'accumulation alors que "l'école monétaire" (Currency School) voulait préserver un certain équilibre (9), du moins les intérêts des uns et des autres pouvaient-ils s'accorder sur une gestion qui incluait la suspension de certaines de ses propres règles en cas de crise.

Cependant si le cours forcé était l'exception pour les grandes monnaies capitalistes au cours du XIXe siècle, ce n'est plus le cas après la première guerre mondiale. D'une part l'or ne peut plus être demandé dans la circulation intérieure ; les particuliers peuvent encore en acheter sur un marché particulier, mais il ne s'agit plus d'une convertibilité monétaire intérieure au système d'articulation des diverses monnaies ; la pratique du cours forcé devient constante et générale. Ensuite, il se développe une mise en cause de l'or comme monnaie internationale ; depuis 1922 s'est instauré le système de "l'étalon de change or", des monnaies fortes pouvant figurer à côté de l'or dans les réserves des Banques centrales ; ces monnaies, la livre sterling en 1931 et le dollar en 1971, ont elles-mêmes cessé d'être convertibles en or ; actuellement, en l'absence d'une nouvelle monnaie internationale, c'est la pratique des "changes flottants" qui constitue la seule forme de "vérification", sur le marché international, des monnaies nationales. Il faut préciser la nature et la portée de ces changements.

b) Le cours forcé et "la possibilité formelle" de l'inflation (10)

Quand les billets émis par la Banque centrale ne sont plus convertibles en or à un taux fixe, la pratique du cours forcé est instaurée. Ainsi "la Banque de

France est dispensée de l'obligation de rembourses ses billets en espèces", par une décision gouvernementale datant de la guerre de 1914. Les modalités de l'articulation de la monnaie bancaire et de la monnaie centrale se modifient, ainsi que celles de la monnaie centrale et de la monnaie internationale.

Lorsque la monnaie "de papier" est convertible en or, elle l'est à un taux fixe, qui diffère peu du prix d'achat des lingots par la Banque d'émission. La libre convertibilité des billets en pièces est liée à la liberté de la fonte et de la frappe dans les relations entre particuliers et Banque centrale. Soit 1 F = 1 gr d'or au cours légal ; la Banque centrale achète tout l'or qui lui est proposé à 1 F le gr. Et c'est le prix autour duquel oscille le prix de l'or sur le marché. En conséquence, le taux officiel (11) est comme un prix directeur. En cas de cours forcé, les choses se modifient. La définition légale du Franc, soit 1 F = 1 gr d'or, peut ne pas changer. Mais sur le marché international de l'or, on peut avoir un "prix" différent, soit 1 F = 1/2 gr d'or. Avec le cours forcé, la monnaie nationale peut, au moins provisoirement et partiellement,décrocher de la monnaie internationale, quoique le décalage ait pour indice une surévaluation ou une sous-évaluation de la monnaie nationale. Le problème se pose donc au niveau international, mais il faut d'abord préciser ce qu'il en est dans la circulation intérieure, et pour cela partir de nouveau du rapport entre monnaie bancaire de crédit et monnaie centrale.

Quel que soit le caractère de la monnaie centrale (convertible ou non), le crédit permet par définition de reculer les échéances de règlement. On a vu plus haut qu'un entrepreneur peut tout de suite utiliser l'argent qu'il emprunte à la banque alors qu'il doit rembourser la banque à l'échéance de 3 mois : la banque anticipe la validation sociale des marchandises qui seront produites par l'industriel, elle est sûre que ces marchandises seront vendues et qu'avec le produit de la vente l'industriel la remboursera. En se rapportant à l'analyse de la circulation marchande, A-M-A', on peut dire de façon abstraite que la banque qui avance A effectue une "anté-validation" privée de travaux privés, la validation sociale effective se produisant quand M (produit) est vendu contre A. La banque agit à ses risques et périls, les crises de réalisation s'accompagnant de crises du crédit et de faillites bancaires.

Quand la monnaie centrale a cours forcé, la crise de réalisation peut prendre une forme différente, celle de l'inflation. La banque privée doit être en permanence capable d'échanger sa propre monnaie contre des billets de la Banque centrale. L'émission de ces billets pour convertir de la monnaie privée représente une validation sociale des anticipations privées de la banque et de l'entrepreneur. Mais d'une part les billets émis à cours forcé ne sont pas l'expression d'une marchandise déjà produite ; d'autre part, comme anticipation indirecte d'un produit à venir représenté par les signes de monnaie bancaire, en cas de crise de réalisation, ces billets ne constituent qu'une "pseudo-validation sociale des travaux privés". "Si les pratiques de gestion de la monnaie à cours forcé crée une procédure de validation sociale des signes de crédit par anticipation, l'équivalence réelle de cette monnaie par rapport à l'or devient impossible. La perte de valeur de la monnaie s'exprime par le fait que son prix effectif en or s'abaisse continuellement par rapport à la définition légale de la monnaie nationale. Il en résulte évidemment une hausse générale des prix des marchandises exprimés en monnaie nationale. Mais cette hausse n'est pas uniforme. La validation des signes de crédit n'est pas automatique ; elle répond à des pratiques de gestion de la monnaie Banque centrale qui visent à éviter la destruction de la monnaie nationale" (12). L'inflation est une forme que prend la crise de réalisation quand la validation sociale des travaux privés se réalise avec la médiation de l'Etat émetteur de billets inconvertibles.

Le crédit en lui-même détend le lien entre monnaie et marchandise, de même qu'il assouplit la relation entre revenu et dépense. Combiné avec la monnaie centrale inconvertible, il produit un affaiblissement de la circulation marchande. La convertibilité des créances privées en monnaie à cours forcé est garantie préalablement à la conversion des marchandises en monnaie. Cette situation est propice à une fuite en avant, à une poursuite de la production capitaliste qui dissimule la surproduction. L'inflation permet un étalement de la crise, au lieu d'un dénouement brutal. Elle permet de transférer à l'ensemble des utilisateurs de monnaie le risque de la non-réalisation des marchandises et celui de la dévalorisation des créances, risque alors transformé en dévalorisation de la monnaie nationale. En cas de convertibilité de la monnaie centrale en or, le risque restait localisé au niveau du secteur capitaliste de la production et des banques, et il se manifestait brutalement par les faillites et par le chômage ouvrier. L'inconvertibilité de la monnaie centrale n'entraîne certes pas la suppression de ces risques, qui sont seulement différés ; mais elle permet d'en diffuser les effets sur des couches sociales extérieures au secteur capitaliste, par la dévalorisation de la monnaie nationale. "L'inflation apparaît lorsque l'affrontement économique principal est esquivé par un déplacement de la production stricto sensu à l'ensemble de l'espace marchand, où interviennent d'autres classes que les deux classes principales" (12). Cependant si les compromis entre les "deux classes principales" sont mis en cause, l'inflation change de caractère, et de "rampante" elle devient "ouverte".

Le cours forcé de la monnaie gérée par l'Etat permet de donner une nouvelle forme monétaire à la crise capitaliste de réalisation des marchandises ; au lieu de l'effondrement des prix, c'est leur hausse qui peut se produire, par dépréciation de la monnaie nationale. Le problème de la gestion étatique se modifie alors. Avant de voir en quoi on est amené à définir un secteur stratégique, et à parler de politique monétaire, il faut examiner le troisième niveau de la pyramide des monnaies, celui de la monnaie internationale, dans sa relation avec la monnaie nationale à cours forcé.

2) Le problème de la monnaie internationale

La monnaie nationale convertible en or devait, au XIXe siècle, être gérée par les Banques centrales compte tenu de la définition de cette monnaie par un poids d'or (c'est-à-dire de sa parité), et de la préservation d'une encaisse métallique suffisante pour les besoins de la circulation intérieure et internationale. L'avènement du cours forcé intérieur est allé de pair avec un assouplissement de la gestion internationale des monnaies nationales par les Banques centrales. Selon le système dit de "l'étalon change or", développé après la première guerre mondiale, les Banques centrales pouvaient détenir dans leurs réserves non seulement de l'or, mais des devises convertibles en or, sorte de crédit entre Banques centrales permettant de différer les règlements ultimes en or. La forme de la gestion étatique de la monnaie correspond ainsi davantage à celle de la circulation privée.

Ce système pouvait fonctionner tant qu'au moins une grande devise restait convertible en or, selon une parité donnée. Ainsi l'organisation des paiements internationaux après la deuxième guerre mondiale reposait sur des taux de change fixes entre les monnaies, relativement au dollar, lui-même convertible en or. Les dévaluations ou réévaluations devaient avoir l'accord du Fonds Monétaire International (FMI), gérant du système dominé par les Etats-Unis. La suppression, entre 1968 et 1971, de la convertibilité du dollar en or a mis en cause simultanément le rôle de l'or comme monnaie mondiale de référence et moyen ultime de solder les balances des paiements, et le rôle du dollar comme monnaie de compte et de réserve à l'échelle internationale. Ce fut, au plan monétaire, un reflet de la crise de l'hégémonie des USA, et un présage de la crise économique de 1974-1975.

En l'absence d'une Banque internationale véritable, émettant une monnaie mondiale socialement admise, aucune monnaie existante n'a pu remplacer l'or et le dollar. Les bons émis par le FMI (droits de tirage spéciaux ou DTS), ne sont qu'une nouvelle forme de crédit entre Etats, et non une monnaie de règlement des soldes.

Mais le système de changes flottants mis en place en 1972-73, ne permet-il pas d'en finir avec la nécessité d'une monnaie internationale ? Il représenterait alors un changement décisif des formes de la contrainte monétaire et de la gestion des Banques centrales. On tendrait vers la suppression de toute intervention étatique concernant les taux de change, si le système fonctionnait bien. La "main invisible" du marché des devises remplacerait la gestion étatique de la monnaie nationale, la Banque centrale n'ayant plus qu'à approvisionner en monnaie centrale les demandeurs privés auxquels seraient transférées les réserves. Sans la monnaie internationale, la pyramide monétaire n'a plus la même signification.

Cependant même si l'on pense que l'hégémonie monétaire de fait du dollar fluctuant constitue une solution dans le cadre de la domination de "la main invisible", il faut constater que "l'impureté" du flottement, qui nécessite le maintien d'interventions des Banques centrales sur le marché des changes et la concertation de ces Banques, pose un problème. Globalement, l'ensemble des opérations effectuées pour réduire les fluctuations aurait représenté 77 milliards de dollars, de 1973 à 1975, dont 5,6 engagés par la Banque de Réserve Fédérale de New-York. Ce qui a fonctionné était donc en réalité un "système combiné de taux flexibles et de contacts officieux gouvernementaux", comme l'a indiqué le secrétaire d'Etat américain au Trésor.

Ce maintien d'une intervention étatique conduit à poser la question de la consistance et de la cohérence du système : car il n'est pas dû à "l'impureté du flottement", ce qui laisserait supposer qu'un système pur de changes flottants est en principe possible. En réalité un tel système ne peut pas fonctionner comme système monétaire au plan international. De même qu'au plan intérieur les diverses banques ont besoin d'une monnaie centrale en laquelle leurs créances sont par définition commensurables, et qui leur permet de régler les dettes qu'elles ont les unes envers les autres, de même entre plusieurs pays une monnaie internationale reste nécessaire, et constitue une référence pour la gestion étatique de réserves nationales (ces réserves que le flottement des taux devait en principe rendre inutiles, mais que l'on voit subsister).

Deux points, liés entre eux, sont à considérer, l'étalonnage des monnaies nationales, et le solde des paiements entre nations. En ce qui concerne l'étalonnage, tout d'abord, la définition du franc, monnaie nationale, en une autre monnaie nationale, le dollar, ne donne qu'un taux de change "relatif" (avec les changes flottants de 3,25 F à 5,20 F, 1 dollar entre 1973 et 1975), qui dépend des rapports entre la balance des paiements de la France et des USA. Mais le dollar ne peut pas être simultanément pris comme taux de change "absolu" du franc, fixant par là les taux de change relatifs entre le franc, la livre sterling, la lire, etc.... De même qu'un panier pondéré de monnaies nationales ne peut servir d'étalon pour ces monnaies elles-mêmes, tentative vainement faite avec les D.T.S. (Droits de Tirage Spéciaux), de même une monnaie comprise dans la série des monnaies nationales ne peut servir d'étalon de ces monnaies. Il faut par contre que toutes les monnaies nationales soient définies relativement à une monnaie de référence ayant un caractère international. C'est le cas lorsque la définition du franc et du dollar est celle d'un certain poids d'or d'un type bien spécifié, à partir de quoi on peut définir la commensurabilité des deux monnaies et écrire que 5 F = 1 dollar.

Il est alors possible de calculer sur cette base le solde de la balance des paiements de deux pays, et de poser la question du règlement de la dette d'un des deux pays envers l'autre. Si ce sont les U.S.A. qui ont une dette envers la France, en quelle monnaie la règlent-ils ? S'ils la règlent en dollars, c'est-à-dire avec leur propre monnaie, ce n'est pas un règlement, mais un nouveau crédit fait par la France aux U.S.A. S'ils la règlent en une monnaie internationale, comme l'or, c'est un règlement effectif. La deuxième solution ayant été écartée depuis les années soixante, à défaut de quoi les Etats-Unis auraient perdu tout leur stock d'or et bien au-delà, la première reste en vigueur, dans le seul cas des Etats-Unis, mais d'une façon modifiée par l'adoption des changes flottants depuis 1973. En effet, le dollar, tout en restant monnaie dominante, peut maintenant être lui-même - en principe - sujet à une dépréciation ou une appréciation sur les marchés des changes, relativement aux autres monnaies : après avoir subi pour la première fois depuis 1934 la sanction de la dévalorisation, en 1971 puis 1973, dans le cadre des parités fixes, il est exposé à un nouveau type de sanction, celui du marché, dans le cadre des changes fluctuants où offre et demande de devises sont censées s'affronter directement.

Dans ce cadre, en cas de déficit, le dollar devrait en principe se déprécier jusqu'à ce que le redressement de la balance commerciale, par augmentation des exportations et diminution des importations, ait supprimé le solde débiteur des U.S.A. vis-à-vis de l'étranger. Suppression des soldes de balances des paiements, des réserves officielles, des interventions des banques centrales : la conséquence en serait la suppression des monnaies nationales comme telles, devenues objet d'échange des détenteurs privés des devises analogues à des biens quelconques.

L'expérience a sans doute montré que la dépréciation du dollar a favorisé l'exportation de marchandises américaines au détriment des concurrents japonais et européens (14). Mais ni la détermination de soldes des balances de paiements, ni la conservation de réserves de devises par les pays autres que les USA n'ont été éliminées. En outre, ce qui recoupe à la fois le second et le premier point, aucun pays ne s'est débarrassé de ses réserves d'or. "Même ostracisé, l'or reste le témoin gênant de l'usure monétaire générale, et lorsque l'absence de système international aura fini par lasser suffisamment de gens, lorsque les inconvénients des changes flottants seront finalement plus vivement ressentis que leurs avantages, alors ces hausses de l'or lui permettront de trouver plus facilement la place qui lui revient comme l'une des bases du futur système monétaire parfaitement indépendante des monnaies qu'il dessert" (15). En tout cas, ni l'étalonnage des monnaies nationales ni le règlement des soldes ne sont logiquement réalisables dans le cadre du système des changes fluctuants.

En pratiquant une gestion ponctuelle (et non plus permanente) de ses réserves dans le cadre des changes flottants, la Banque centrale déplace partiellement le risque monétaire résultant des fluctuations des cours : elle le reporte des réserves monétaires nationales sur les banques et institutions financières privées. C'est en partie ainsi que s'expliquent les faillites de banques résultant d'opérations de change, en 1974. L'absence d'intervention permanente de la Banque centrale, qui au XIXe siècle avait pour effet de faire peser les risques de convertibilité monétaire sur les monnaies bancaires privées, affecte aujourd'hui les placements privés en devises. Mais ce déplacement du risque (nouvelle forme de sanction), ne fait qu'atténuer, sans le résoudre, le problème de la validation des monnaies nationales par une monnaie internationale.

On s'éloigne même de la solution du problème en croyant le supprimer par la pratique des changes flottants. Car ce système entraîne un fractionnement des marchés internationaux, comme forme nouvelle de la concurrence entre pays capitalistes. La rupture du système des taux de change fixes a été l'un des effets de l'aggravation de la concurrence entre les U.S.A. d'une part, le Japon et l'Europe de l'Ouest d'autre part. L'affaiblissement de la domination américaine a modifié le rôle du dollar. Avant 1971, sa surévaluation par rapport aux autres monnaies capitalistes était une des conditions des investissements américains à l'étranger, à quoi correspondait une certaine centralisation financière internationale sous l'égide des U.S.A. Après 1973, la dépréciation relative (et sélective) du dollar a favorisé les exportations américaines de marchandises, entraînant une vive concurrence commerciale. Or cette concurrence semble liée à un certain fractionnement des marchés, dont témoignent plusieurs indices.

En ce qui concerne les transactions commerciales, l'' ''Economist'' parle d'un renouveau du troc (''Back to the barter'') (16), et donne comme exemple ''la négociation récente par la France de toute une série de produits industriels, d'usines hydro-électriques et d'armement, en échange de fourniture de pétrole par l'Iran'', ce qui n'est qu' ''un exemple parmi un flot d'opérations de troc entre l'Ouest et les producteurs arabes de pétrole''. Cette poussée des opérations bilatérales, attribuée à la crise pétrolière et à la menace d'une récession économique mondiale, tient sans doute aussi à l'incertitude monétaire dans le cadre des changes fluctuants. Autre indice, celui d'une régression possible des marchés financiers internationaux délocalisés comme celui de l'euro-dollar, qui seraient remplacés par des ''pays de placement'', selon une certaine ''renationalisation'' (17). Enfin H. Bourguinat fait remarquer la dispersion des taux de change pour une monnaie donnée, au cours des deux années d'expériences des changes flottants''?..., il apparaît que chaque pays est venu à pratiquer non pas un, mais en réalité plusieurs taux de change. Nous n'en sommes plus au temps où une monnaie comme le dollar était, par exemple, presque partout - et seulement à quelques nuances près - ''forte'' ou ''faible'' vis-à-vis des principaux partenaires commerciaux des États-Unis. Ainsi, de la mi-novembre 1974 à la mi-février de 1975, a-t-on noté que si la devise américaine avait baissé à l'une des extrémités de 12 % par rapport au franc suisse et de 9-11 % par rapport au Groupe Mark-Franc-monnaies de Benelux, elle avait durant ce même temps, fléchi seulement de 4 % vis-à-vis de la livre sterling, de 2,5 % vis-à-vis du Yen, et même qu'elle s'était appréciée de 1,5 % par rapport au dollar canadien. Cette dispersion presque partout observée a été la traduction par le change des nouvelles conditions permissives d'évolution des économies nationales... Mais alors on comprend mieux ce que devrait être la logique des changes flottants. Pour tout pays, le marché extérieur devrait apparaître comme un assemblage de parties très hétérogènes assorties de conditions de pénétration très différentes les unes des autres et très évolutives...'' (18).

Ainsi sous le régime des changes flottants (dont il faudrait analyser la relation avec certaines formes d'internationalisation du capital, ce qui n'est pas notre objet ici), avec la disparition d'une validation des monnaies nationales par une monnaie internationale, des tendances se font jour au fractionnement des transactions internationales, dont l'unité implique une référence à une monnaie commune. De façon paradoxale, l'apogée du *marché* des changes où n'existent en principe qu'une offre et une demande de devises sans intervention de l'Etat, et où ne se forment que des prix relatifs, cette apogée coincide avec une régression de l'unité des marchés internationaux de marchandises et de capitaux. C'est que le pur marché des monnaies n'existe pas plus que le capitalisme pur. Le fonctionnement du système *monétaire* implique une gestion étatique de la monnaie nationale, par rapport à une monnaie internationale réalisant un consensus social.

III - Secteur stratégique et politique monétaire

Jusqu'ici les règles générales de la gestion étatique de la monnaie et certaines de leurs modifications, ont été analysées en rapport avec les trois formes de la monnaie capitaliste, monnaie bancaire privée, monnaie centrale, monnaie internationale. L'une de ces formes appelle une gestion étatique, qui influe nécessairement sur l'articulation des divers niveaux de la pyramide monétaire. Ensemble la monnaie bancaire privée et la monnaie centrale constituent la monnaie nationale : 1 F de la banque A peut être échangé contre 1 F de la banque B ou contre un billet de 1 F, la commensurabilité des trois impliquant une référence à une unité monétaire nationale. Celles-ci est définie par la monnaie de la Banque centrale, qui assure la convertibilité des signes de valeur bancaires en signes de valeur nationaux. Cependant c'est sur le marché des changes que se vérifie la convertibilité de la monnaie nationale en d'autres monnaies nationales, les ajustements devant logiquement se produire en rapport avec un étalon universel. La gestion étatique a un caractère immanent, tout en étant irréductible à une activité privée : sans elle les monnaies bancaires privées ne peuvent pas être directement validées par une monnaie internationale de référence. Le lieu de l'articulation, l'espace monétaire national, est celui qui en s'édifiant peu à peu, a transformé la banque publique de Londres en Banque d'Angleterre, celle de Paris en Banque de France.

Ce mouvement a été inséparable de la constitution d'un marché capitaliste national toujours inclus dans un marché international des monnaies (19). Le caractère pyramidal de la monnaie capitaliste, inscrit dans le système du crédit, correspond d'une part à une centralisation du financement (20), d'autre part à une concentration de la gestion des moyens de paiement à l'échelle nationale. Les changements des règles d'ajustement et de gestion, en rapport avec des modifications de l'accumulation capitaliste, et avec le développement de nouvelles formes de concentration et de centralisation, n'ont pas mis en cause ce double aspect du système de crédit. Il n'est pas de centralisation du capital argent porteur d'intérêt (selon le schéma A-A') qui puisse se faire sans la gestion des moyens de paiement. Le lieu stratégique de ce double aspect du crédit est le système bancaire, dont il faut situer le rôle particulier - car c'est là que la gestion étatique de la monnaie devient, dans des conditions déterminées, politique monétaire.

1) Capital financier et banques

Il n'y a pas de notion unique permettant d'englober tous les aspects du financement capitaliste en liaison avec la gestion étatique de la monnaie. Il importe au contraire de distinguer, dans l'analyse, des pratiques différentes les unes des autres quoique interdépendantes.

Le point de départ peut être l'examen de la notion de capital financier telle qu'on trouve chez Marx, où elle désigne principalement le capital argent "productif d'intérêt", celui qui, prêté par son détenteur à l'industriel, prélève en retour une partie de la plus-value qui prend la forme du taux d'intérêt. Cette notion de capital financier (21) recouvre elle-même des aspects différents quoique liés. Marx parle de "Geldhandlungskapital" (22), ou capital faisant le commerce d'argent, quand il examine la division des tâches entre capitalistes, dont certains ont une fonction de gestion du capital-argent (trésorerie, placements, etc...), fonction qui, centralisée, permet de diminuer les "frais de circulation" pour l'ensemble des capitalistes. D'autre part, quand Marx analyse le taux d'intérêt comme partie de la plus-value, il distingue du capitaliste industriel, qui touche un profit, le "Geldskapitalist" (23), le capitaliste détenteur d'argent prêté comme capital et dont la rémunération par l'intérêt dépend d'un rapport de force entre le prêteur et l'emprunteur ; ici, la fonction spécialisée du capital faisant commerce d'argent, devient l'activité d'une fraction de capitalistes ayant leurs propres intérêts à faire prévaloir. La base du partage de la plus-value en profit et taux d'intérêt repose sur la propriété de capital-argent par d'autres que le capitaliste industriel. La notion de capital financier désigne ainsi d'une part une fonction de gestion pour toute la classe capitaliste, d'autre part une fraction de capitalistes prêtant leur argent comme capital. Ces deux aspects convergent dans l'analyse de l'activité des banques, comme gestion centralisée de la circulation du capital-argent, et mise en valeur financière de ce capital. Dans l'un et l'autre cas, il s'agit principalement des rapports des capitalistes entre eux.

Cependant si les banques sont considérées comme une des expressions du capital financier, le problème de la circulation monétaire générale se combine avec celui de la circulation du capital-argent. La définition, donnée par Hilferding du capital financier (24), comme "capital bancaire, par conséquent sous forme argent, qui est transformé en réalité en capital industriel", met bien l'accent sur la centralisation financière et le contrôle financier du capital industriel. Mais l'inconvénient de la conception d'ensemble de Hilferding est de confondre centralisation et contrôle du capital avec maîtrise de la circulation financière. Or celle-ci, malgré son autonomie relative, se greffe nécessairement sur la circulation monétaire générale, comme le crédit sur la monnaie de règlement. Il semble alors utile de distinguer deux axes principaux de l'analyse du financement, celui de la circulation marchande capitaliste, et celui du capital financier, avant d'examiner le caractère stratégique du système bancaire qui se trouve à la charnière des deux.

La circulation marchande capitaliste est le lieu des échéances finales (celui de la validation sociale des travaux privés). Elle concerne les rapports monétaires entre capitalistes et salariés, autant que les rapports des capitalistes entre eux. Les travailleurs "libres" reçoivent des salaires monétaires pour acheter de quoi entretenir leur force de travail. "Entre les mains des travailleurs, l'argent doit fonctionner pleinement comme équivalent général, pour que les achats indispensables à la reconstitution de l'équivalent général puissent s'effectuer régulièrement dans la circulation générale des marchandises. Il est donc tout à fait impossible de concevoir un système de crédit fermé sur lui-même et détaché de toute base monétaire, dans lequel il n'y aurait que des capitalistes qui échangeraient des créances privées" (25). Ce type de circulation, partiellement analysé par Marx, implique une gestion centralisée des moyens de paiement, qui ne peut s'effectuer que dans le cadre d'un système bancaire où s'articulent les diverses sortes de monnaie. "Il n'existe pas de lien étroit entre le rythme de renouvellement des dépenses des salariés et les temps de rotation des capitaux eux-mêmes forts différents les uns des autres". C'est pourquoi la possibilité pour les banques de satisfaire à la contrainte de transformation de leurs signes de crédit en équivalent général, exige la centralisation du système bancaire et le branchement de chaque banque sur un grand nombre de cycles de capitaux pour profiter des décalages dans les flux et reflux d'argent et pour concentrer la plus grande masse possible d'argent temporairement oisif" (26).

Un organisme adapté à la gestion des moyens de paiement dans le cadre de la production marchande capitaliste comporte nécessairement plusieurs niveaux articulés entre eux. Comme l'indique Marx en critiquant certaines utopies réformistes (27), il ne peut y avoir une banque nationale unique qui rendrait les individus indépendants des conditions de l'échange privé tout en les laissant continuer de produire sur la base de l'échange privé.

Second grand axe de l'analyse, l'expression de "capital financier" désigne une forme de centralisation du capital argent permettant des placements et déplacements de capitaux détenus par des organismes exerçant un contrôle de propriété sur le capital productif (industriel). Le capital financier concerne d'abord directement les rapports des capitalistes entre eux (même si l'Etat intervient par des prêts spéciaux ou des subventions). La gestion en cause ici est une gestion privée d'actifs, qui exprime une certaine forme de l'autonomie de la circulation financière par rapport à la production industrielle. "La séparation dans la circulation financière est totale entre l'argent apporté comme capital, qui est aliéné une fois pour toutes par son possesseur, et le droit à prélever une part du profit normal de l'entreprise, qui nait de cet apport. Cette séparation... permet de comprendre qu'il puisse s'établir dans les entreprises des groupes de contrôle, qui avec des engagements propres en capital-argent limités, dirigent la valorisation de capitaux productifs beaucoup plus importants. D'autre part, elle étend le rôle de la circulation financière. Puisque ce sont des titres représentatifs de la propriété qui circulent, il y a une aptitude à la modification du contrôle de propriété, à la création et à la dissolution d'associations capitalistes les plus complètes, indépendamment du cycle du capital productif. C'est la souplesse dans les choix portant sur les lieux de valorisation du capital-argent qui caractérise la position médiatrice du capital financier" (28). Une telle souplesse permet ce que l'on qualifie aujourd'hui de "re-déploiement du capital". C'est par ce biais que se trouvent impliqués les rapports entre capitalistes et ouvriers, le "redéploiement" du capital pouvant aller de pair avec une "restructuration" de la classe ouvrière. Alors que dans le cas précédent les rapports de production étaient en cause de par l'existence même du salariat capitaliste et de la reproduction des salariés dans la circulation marchande, ici ils le sont indirectement par les modalités de la distribution de la force de travail en fonction de la valorisation du capital.

Les deux aspects de l'analyse du financement, circulation marchande capitaliste, capital financier, concernent des pratiques monétaires et financières différentes. Les deux relèvent cependant du système du crédit pris dans sa plus grande extension. Mais les seuls organismes qui combinent la gestion de moyens de paiement et celle du capital argent, sont *les banques. Pour cette raison le système bancaire est le secteur stratégique du système de crédit.* Lieu de formation et de règlement de créances, il se situe à la convergence des divers rapports évoqués ci-dessus, entre les capitalistes et les salariés, entre les capitalistes eux-mêmes. Cela lui donne une position-clé, du point de vue de l'ensemble des rapports sociaux capitalistes, **qui explique son développement en connexion avec une partie de l'appareil d'Etat.** Par ailleurs, quels que soient les formes et circuits publics du financement, la gestion étatique de la monnaie comme rapport social a pour point d'insertion principal le système bancaire centralisé. On en a vu les raisons qui tiennent à l'articulation des divers types de monnaie, où intervient nécessairement une monnaie nationale gérée par une Banque centrale. Dans la mesure même où monnaie et financement sont liés selon des modalités particulières dans le système bancaire, celui-ci est bien un lieu stratégique appelant une action étatique.

2) Liquidité et équivalent général

A la règle de la convertibilité des monnaies de crédit en or, s'est substituée en régime de cours forcé celle de "la contrainte de liquidité", qui recouvre à la fois la convertibilité des monnaies bancaires en monnaie centrale, et les possibilités qu'ont les banques de développer leurs crédits. Cette contrainte de liquidité consiste de façon générale en un rapport entre les moyens monétaires de règlement et les engagements bancaires. Elle s'exprime par plusieurs sortes de "ratios" internes au système bancaire : **rapport des liquidités aux actifs, rapport des capitaux propres au total des actifs, rapport des prêts aux dépôts.**

Certaines proportions empiriquement déterminées doivent être respectées pour éviter de trop fortes tensions affectant les possibilités de règlement final des dettes. Les relations quantitatives doivent être telles qu'elles ne contribuent pas à mettre en cause la qualité de la monnaie comme équivalent général. Leur contrôle relève de la Banque centrale comme prêteur en dernière instance. Mais la gestion centralisée de la monnaie à cours forcé entretient elle-même une tendance au "sur-endettement" général, qui se reflète dans celui du système bancaire. Ainsi, depuis les années 1960-70 aux Etats-Unis, "toute notion que pouvaient avoir les entreprises sur le degré d'endettement supportable fut mise au rancart, et il en a été largement de même pour les consommateurs. Quant aux prêteurs, ils ont manifestement jeté par-dessus bord tout principe sur ce qu'il était sage de prêter, et c'est particulièrement le cas des banques commerciales. Les prêts consentis ont progressé deux fois plus vite que les dépôts, et les actifs de risque (prêts et investissements) ont également augmenté deux fois plus vite que le capital propre des banques" (29).

Ainsi le secteur stratégique où convergent monnaie et financement capitalistes, peut échapper aux proportions caractéristiques prises comme indices d'une certaine stabilité du crédit. La crise de liquidité met en cause la solvabilité des diverses parties constitutives du système ; elle affecte l'appréciation des actifs financiers. La qualité des créances, leur capacité à être converties en monnaie, cesse d'être une question technique pour devenir un problème politique.

Au desserrement des contraintes marchandes par le développement du crédit en régime de monnaie à cours forcé, correspond une zone de transactions dont la validation est assurée par l'Etat avant de l'être dans la circulation sociale. Mais la reproduction de la monnaie comme équivalent général, condition du maintien d'une certaine contrainte monétaire (ou validation sociale des transactions marchandes), reste une nécessité. La gestion de la liquidité peut céder la place à des moments stratégiques où la politique gouvernementale agit sur la qualité de la monnaie (changement de parité, modification des règles mêmes de la gestion). La forme de la gestion étatique de la monnaie est à la fois adaptée à son objet capitaliste (comme contrainte de liquidité affectant la circulation financière et monétaire), et de nature particulière (la reproduction de l'équivalent général impliquant l'intervention d'un organisme public qui édicte des règles générales d'équivalence).

Elle est devenue "politique monétaire" en même temps qu'apparaissait la "politique économique". Elle a gardé son objet propre, mais ses objectifs et sa mise en œuvre se sont modifiés en se combinant avec d'autres formes d'intervention économique de l'Etat. Dans aucun cas cependant on ne peut l'appréhender comme contrôle d'une offre de monnaie par rapport à une demande globale - ce qui est la représentation favorite de la politique monétaire par les divers courants néoclassiques et néokeynésiens. Cette représentation n'est pas le reflet d'une pratique sociale effective.

En premier lieu, la construction d'une fonction agrégée de demande de monnaie (d'actifs liquides) des particuliers, est sans pertinence pour l'analyse ; elle repose sur une notion de monnaie prise comme un bien, un actif financier parmi d'autres, renvoyant à une gestion de patrimoine et à l'agrégation de comportements de portefeuille émanant des individus considérés comme de "petites banques", selon l'expression de Hicks. Dans cette optique, la monnaie comme moyen de règlement n'apparaît pas, ce qui fausse toute l'analyse. En second lieu, il n'y a pas une fonction d'offre de monnaie du système bancaire, dépendant de la fixation exogène d'une monnaie de base ("high powered money") par la Banque centrale. Cette conception de l'offre de monnaie fait croire à la maîtrise par la Banque centrale de l'ensemble des moyens de règlement, induits par la manipulation de la monnaie de base. Or la gestion de la monnaie centrale n'est en rien une fixation de la quantité de monnaie par la Banque centrale ; elle s'inscrit par contre dans l'articulation des formes différentes de monnaie, monnaie bancaire privée, monnaie centrale, monnaie internationale. Et cette articulation, qui répond à certaines proportions empiriques, n'est pas la redistribution, entre prêteurs et emprunteurs finaux, d'un stock de monnaie donné (monnaie centrale exogène) induisant une offre de crédit des banques et une demande de dépôts bancaires des particuliers. Il faudra cependant revenir ultérieurement sur la représentation, par l'idéologie économique dominante, de la politique monétaire comme régulation plus ou moins réussie d'une offre par rapport à une demande de monnaie. Car cette idéologie a des racines dans les changements de la pratique de gestion de la monnaie centrale par l'Etat, en rapport avec l'avènement de "politiques économiques". Elle n'est pas un reflet, mais un indice de cette pratique.

NOTES

(1) S. de Brunhoff et J. Cartelier, "Une analyse marxiste de l'inflation", *Chronique sociale de France*, n° 4, 1974, p. 48-49. Le terme de "polarité" est utilisé par J. Morris, dans "The crisis of inflation", *Monthly Review*, Septembre 1973. Voir aussi annexe n° 1.

(2) Une once = 28,35 gr.

(3) S. de Brunhoff et P. Bruini : *La politique monétaire, un essai d'interprétation*, PUF, Coll. Sup., 1973, p. 125.

(4) *La politique monétaire, un essai d'interprétation marxiste*, o.c., p. 91.

(5) *Id.*

(6) *La politique monétaire, un essai d'interprétation marxiste*, o.c., p. 93.

(7) B. Schmitt, *Théorie unitaire de la monnaie nationale et internationale*, (Suisse), Castella 1975.

(8) *Le Capital*, tome 7, Editions Sociales, Paris.

(9) Cf. Sergio Bologna "Moneta e crisi...", dans *Crisi e organizzazione operaia*, Feltrinelli, 1974.

(10) Cf. S. de Brunhoff et J. Cartelier, *Une analyse marxiste de l'inflation*, opus cit.

(11) Les conditions de sa fixation ne peuvent être examinées ici : elles seraient très importantes à analyser.

(12) Aglietta, thèse, *opus cit.*, p. 546/7.

(13) B. Guibert, "L'enjeu de la crise", *Temps modernes*, avril 75, p. 1311.

(14) Elle a par contre freiné les investissements américains à l'étranger, par un chassé-croisé bien compréhensible. Cela confirme notre idée de l'impossibilité d'"un impérialisme monétaire", et de l'absence d'un "super-impérialisme". Le dollar "surévalué" permettait les investissements à l'étranger, mais avait abouti au déficit commercial. "Sous-évalué" depuis 1973, il a freiné les investissements extérieurs, mais permis la reconstitution d'un surplus commercial.

(15) "La leçon des changes flottants", par D. D'Ivangin, Revue *Banque*, Fév. 1975.

(16) *The Economist*, 14 déc. 1974, reproduction dans *Problèmes économiques*, n° 1430, p. 11-14.

(17) "L'avenir des marchés financiers internationaux", *Bulletin du Crédit Suisse*, avril-mai, 1975, reproduit dans *Problèmes économiques*, n° 1431, p. 26-30.

(18) "L'an III des changes flottants", Revue *Banque*, mai 1975, p. 458.

(19) Cf. chapitre 5, p.

(20) "Le développement de la production capitaliste enfante une puissance tout à fait nouvelle, le crédit, qui à ses origines s'introduit sournoisement comme une aide modeste de l'accumulation, puis devient bientôt une arme additionnelle et terrible de la guerre de la concurrence, et se transforme enfin en un immense machinisme social destiné à centraliser les capitaux". K. Marx, *Le Capital*, I, tome 3, Editions Sociales, p. 68.

(21) Telle est la traductin française qui recouvre les deux expressions allemandes citées plus loin.

(22) *Das Kapital*, livre 3, Dietz Verlag, chapitre 19, p. 327.

(23) *Id.*, chapitre 21, p. 358 et suivantes.
(24) Voir sur ce point le livre de Hilferding, Ed. de Minuit, et sa discussion notamment dans dans *La politique monétaire*, de S. de Brunhoff et P. Bruini, p. 118 et suivantes.
(25) Aglietta, thèse, *opus cit.*, p. 540-541.
(26) *Id.*, p. 541.
(27) *Contribution à la critique de l'économie politique*, Editions Sociales, p. 55-57.
(28) Aglietta, *opus cit.*, p. 611.
(29) "The debt economy", *Business Week*, 12 oct. 1974, repris dans *Problèmes économiques* n° 1409, p. 5-6.

CHAPITRE III

FORMATION ET FORMULATIONS
DE LA POLITIQUE ÉCONOMIQUE

Jusqu'à présent, l'analyse a voulu montrer deux points décisifs et permanents de l'intervention étatique pour le fonctionnement du circuit capitaliste A-M-A'. La gestion publique de la force de travail contribue à la reproduction de la valeur de cette force, dont le capital a besoin sans pour autant l'assurer lui-même directement. Quant à la reproduction de la monnaie comme équivalent général, elle appelle une gestion étatique de la monnaie centrale comme monnaie nationale, "entre" la monnaie bancaire privée et une monnaie internationale. Le circuit A-M-A', qui représente dans la circulation la mise en valeur du capital avancé A, ne peut se reproduire qu'avec des adjuvants non capitalistes. Les lieux et les règles des interventions étatiques sont déterminés par les besoins de la production et de la circulation du capital - ainsi l'assistance aux pauvres se réfère-t-elle à l'obligation de travailler "pour gagner sa vie" ; cependant les formes de ces interventions ont un caractère particulier, car elles se rapportent à des normes de gestion définies et mises en œuvre par des institutions produites dans des affrontements et des compromis de classes, qui peuvent être anachroniques par rapport à l'exploitation capitaliste (ainsi l'assistance n'est-elle pas contemporaine du capitalisme).

"L'unique valeur d'usage qui puisse constituer l'opposé et le complément de l'argent en sa qualité de capital, c'est le travail" (1). De là vient la priorité donnée aux mesures prises pour la reproduction des travailleurs et celle de la monnaie, assurant la valeur d'usage de ceux-ci. Il serait intéressant de montrer des conjonctions historiques. Par exemple, autour de 1840, les règles de gestion de la Banque d'Angleterre ont été profondément modifiées par la loi ; à cette même époque de nouvelles mesures législatives ont dirigé les pauvres vers les "maisons de travail". Réserve d'or, réserve de force de travail, formées par les lois presque simultanément... Cependant l'objet de l'analyse qui suit concerne principalement les transformations simultanées des gestions de la force de travail et de la monnaie quand elles deviennent des parties constitutives de ce qui est appelé "politique économique". Dans ce nouveau contexte, l'une prend le nom de "politique sociale", ou de "politique des revenus", ou de "politique de l'emploi" selon les cas ; l'autre est baptisée "politique monétaire". Les deux sont présentées comme des éléments d'une gestion globale de l'économie dans laquelle l'Etat se trouve directement impliqué.

I - Crise capitaliste et "Etat Plan" (2)

Que l'Etat soit "interpellé comme sujet" (3) de la politique économique, c'est une démarche idéologique qui doit être analysée à deux niveaux se renvoyant l'un à l'autre, celui de la formulation des règles, celui de l'objet des pratiques. La formulation de la politique économique est inséparable de sa formation. Il se constitue une référence à une activité politique spécifique, qui, sans se confondre avec les activités dites traditionnelles, de répression, d'administration, d'encadrement, relève comme celles-ci de l'Etat : l'Etat considéré comme le sujet d'une politique dont l'économie est l'objet. Ni la nature de la politique ni celle de l'économie ne sont précisées, grâce à la tautologie qui fait de la politique économique l'aspect économique de la politique.

Des auteurs qui s'inspirent des définitions de J. Tinbergen présentent les choses de la manière suivante : "La politique économique cherche à réaliser un certain nombre de buts généraux ; ceux-ci conduisent à un ensemble d'objectifs économiques définis avec plus de précision. Les dirigeants, en essayant d'atteindre ces objectifs, emploient divers instruments, et prennent certaines mesures...

"Dans ce livre, nous entendons par politique une action entreprise par le gouvernement dans la poursuite de certains buts... Tous ces buts ont, à des degrés divers, un aspect économique... La politique économique est l'aspect économique de la politique gouvernementale en général : elle est l'intervention délibérée du gouvernement dans les affaires économiques pour réaliser certains buts". Dans un premier temps, le gouvernement est considéré comme une unité simple, comme "l'entité qui a le droit d'exercer la coercition, dont le devoir est de satisfaire des besoins collectifs, et qui est tenu pour responsable des mesures de politique économique" (4).

Ce qui importe ici, c'est l'idée d'une implication de l'Etat dans une tâche globale de caractère économique : elle renvoie à l'idéologie d'une pratique nouvelle depuis les années 1930. La reproduction de la force de travail et celle de l'équivalent général vont rester les points-clés des interventions étatiques ; mais les modalités de leur gestion sont modifiées par leur insertion dans un cadre global, dont l'émergence reflète des changements réels de la stratégie bourgeoise, à esquisser maintenant.

Après la révolution russe d'octobre 1917, lors de la grande crise capitaliste des années 1930, la mutation s'est faite "à chaud", quand s'est produit un affaiblissement général et durable du fonctionnement du circuit capitaliste A-M-A', qui a échappé au contrôle capitaliste direct. Ce circuit s'est scindé en éléments dissociés. "Le cycle du capital ne s'opère normalement que pour autant que ses différentes phases passent sans arrêt de l'une à l'autre. Si un arrêt se produit dans la première phase A-M, le capital-argent se fige en trésor ; si c'est dans la phase de production, les moyens de production restent sans fonction d'un côté, et la force de travail inoccupée de l'autre ; si c'est dans la dernière phase M'-A', les marchandises amoncelées sans pouvoir se vendre obstruent le courant de la circulation" (5). Dans les années 1930, en considérant le circuit du capital, il y a eu simultanément dislocation de A-M (effondrement du système financier et bancaire américain), baisse de la production et chômage massif, surproduction de marchandises et dislocation de M'-A'.

La riposte capitaliste aux Etats-Unis a été désignée sous le terme de "New Deal" (la "nouvelle donne"), utilisé par F.D. Roosevelt en 1932. Elle a comporté une série de mesures d'urgence couvrant tous les secteurs de l'activité économique nationale, destinées à remettre sur pied un système bancaire et financier, à soutenir l'agriculture, à redresser la production industrielle. Cependant le problème central autour duquel tous les autres problèmes ont gravité, à été identifié comme celui de l'emploi, en relation avec celui du pouvoir d'achat des travailleurs. "Je vois des millions de personnes qui n'ont pas les moyens d'acheter les produits de la ferme et de l'usine, et qui, par leur pauvreté, privent des millions d'autres personnes d'un travail productif", disait Roosevelt dans un message au Congrès en 1934 (6). La remise en marche du circuit capitaliste impliquait alors des changements que nulle part la classe capitaliste n'était capable d'impulser directement elle-même.

Dans les années 1930, "l'enjeu fondamental de la crise est la transformation des conditions d'existence de la classe ouvrière" (7). Ainsi le "National Industrial Recovery Act de 1933" agit en direction des entreprises, incitées à se concentrer et à fixer des prix minima, ainsi qu'à respecter de nouveaux droits et leurs employés ; les salariés peuvent s'organiser librement, et "négocier collectivement à l'aide de représentants de leur choix", et les employeurs doivent se conformer "aux maxima d'heures de travail, aux minima de rémunération et aux autres conditions d'emploi approuvées ou prescrites par le Président" (8). La mise en œuvre de la loi se fait par des "codes" qu'établissent des commissions comprenant les représentants des syndicats ouvriers, des entreprises et du gouvernement. Ainsi se trouvait organisée, avec un fort soutien populaire et une vive résistance patronale, une zone de négociations de classe incluant l'Etat comme "partenaire social". Par là ce qui touche à l'impulsion même du circuit capitaliste, et à l'enchaînement de A, de M et de A', devient un problème de politique intérieure, imposé comme tel au capital par un gouvernement soucieux des intérêts généraux du capitalisme.

Cela ne signifie pas que l'Etat maîtrise l'économie, ni qu'il parvient à une régulation des conflits de classe : il ne faut pas confondre l'idéologie de la politique économique avec son fonctionnement réel comme stratégie capitaliste, même si une telle idéologie est requise par ce fonctionnement. Cela signifie par contre que l'Etat se trouve maintenant impliqué non seulement dans la gestion de la monnaie (de A) et de la force de travail (une partie de M), mais dans celle **du rapport des deux**, c'est-à-dire de la circulation du capital **en tant que** celle-ci nécessite de nouveaux compromis de classe que les capitalistes ne peuvent pas directement réaliser eux-mêmes. Alors le contrôle capitaliste du salaire direct change de modalités. C'est cela qui est au cœur de la formation de la politique économique globale et des formulations que celle-ci peut revêtir.

II - Le changement des conditions de l'intervention étatique

La coupure introduite entre la période antérieure aux années 1930 et celle qui a suivi ne concerne que la naissance de la politique économique comme telle. Elle ne correspond donc pas à une autre sorte de périodisation qui serait par exemple du type suivant : "accumulation primitive" (au sens de Marx), domination du "mécanisme capitaliste", nouvel interventionnisme étatique. Elle exclut par ailleurs la projection rétrospective de la politique économique, qui serait, sous diverses formes, contemporaine du capitalisme.

Les historiens distinguent en effet souvent trois périodes : celle du capitalisme commercial qui comporte un certain type de "politique économique" (mesures mercantilistes concernant les marchés) ; puis celle du capital productif (industriel), où domine l'organisation du "laissez-faire" ; enfin, celle du "capital financier", qui ré-introduit un nouvel interventionnisme de l'Etat. Une telle périodisation a pour inconvénient majeur de présupposer la politique économique, d'en faire une intervention étatique d'objet différent mais de nature semblable que l'on soit au XVIe ou au XXe siècle.

Or on ne peut parler d' "une phase de l'histoire de la politique économique" au XVIe siècle par exemple ; certes il y avait dès cette époque des gestions étatiques appelées par l'accumulation capitaliste dite "primitive". Par contre les conditions sociales nécessaires pour qu'une stratégie bourgeoise prennent la forme globale de la politique économique ne sont pas du tout réunies à cette époque ; ni deux siècles plus tard, quand Quesnay par exemple énonce des "Maximes générales de gouvernement économique d'un royaume agricole". Et quelles que soient au XIXe siècle les réglementations légales des coalitions ouvrières, du droit de grève, de la longueur de la journée de travail, de l'assistance aux pauvres, les mesures fiscales et douanières, et bien d'autres interventions étatiques, on ne peut pas non plus parler d'une "politique économique" libérale.

Si "la politique économique du capital financier" telle que la décrit Hilferding, par exemple, ne constitue pas non plus une période prise en compte ici, c'est qu'elle fait de l'Etat un auxiliaire de l'exportation de capitaux par "un petit nombre de magnats", un "instrument de l'impérialisme", mais qu'elle ne montre pas comment l'Etat se trouve impliqué dans le mouvement du circuit A-M-A'. Il en va de même pour l'analyse toute différente au demeurant de celle de Hilferding, faite par R. Luxemburg dans *L'accumulation du Capital*, malgré l'éclairage qu'elle donne des rapports entre économie et politique, sous la forme des rapports entre capitalisme et impérialisme : "En réalité, la violence politique est, elle aussi, l'instrument et le véhicule du processus économique ; la dualité des aspects de l'accumulation recouvre un même phénomène organique, issu des conditions de la reproduction capitaliste. Le capital n'est pas qu'à sa naissance "dégouttant de sang et de boue par tous les pores", mais pendant toute sa marche à travers le monde..." (9). Cependant, à l'époque où écrivent Hilferding et R. Luxemburg, les conditions historiques de l'émergence d'une "politique économique" bourgeoise n'étaient pas réunies.

On ne peut qu'indiquer ici certaines de ces conditions, apparues après la révolution soviétique d'octobre 1917. Pour que se dessine une forme d'intervention étatique identifiable comme politique économique, il faut non seulement que le salariat soit étendu à la majeure partie de la force de travail autochtone, mais aussi que soit perçue, sous la forme idéologique du salaire nominal, pris comme variable exogène, "l'autonomie relative du cycle d'entretien de la force de travail sociale vis-à-vis des cycles de reproduction des capitaux" (10). Cela veut dire que la force de travail (autochtone en tout cas) est représentée comme classe ouvrière, et de plus que la classe ouvrière est représentée comme sujet économique percevant et utilisant des revenus monétaires qui permettent sa reproduction en tant que classe (chômeurs inclus) - ce qui est nouveau par rapport aux effets du syndicalisme en Angleterre au XIXe siècle par exemple. Chose impossible sans une modification politique des rapports qui affectent la position respective des ouvriers et des capitalistes, et leur relation avec l'Etat. Une autre condition est l'aménagement de l'appareil financier de l'Etat, en rapport avec l'instauration de la monnaie à cours forcé et le branchement d'un circuit financier public sur le circuit de financement privé. Production, circulation, reproduction, tout peut alors être perçu sous la forme de flux monétaires ("dépenses de formation" et "dépenses de disposition" du revenu). La naissance de la politique économique dans les années 1930 implique ces conditions nouvelles, économiques, politiques, financières, idéologiques.

La forme générale de l'Etat bourgeois, comme "appareil de pouvoir impersonnel" (11), est aussi une condition nécessaire. Mais elle n'est pas suffisante, en raison même de sa portée générale, qui englobe et dépasse la formation de la politique économique. Le contrat de travail par lequel la force de travail apparait comme une marchandise particulière, suppose l'existence d'un cadre légal. Pašukanis montre bien comment s'articule le juridique et le politique quand il s'agit du salariat capitaliste. La subordination de l'ouvrier à l'Etat est complémentaire de sa subordination au capitaliste ; les deux diffèrent cependant en raison même du caractère du rapport de production capitaliste. "Le salarié n'est en effet pas contraint politiquement et juridiquement de travailler pour un entrepreneur déterminé, de sorte que la contrainte étatique ne médiatise pas chaque rapport d'exploitation", et peut de ce fait se présenter comme contrainte publique, extérieure à chaque capitaliste singulier (12). La forme juridique inhérente au rapport d'exploitation capitaliste, qui "se réalise formellement comme rapport entre deux propriétaires de marchandises" dont l'un vend à l'autre sa force de travail, fait que "le pouvoir politique de classe peut revêtir la forme d'un pouvoir public" (13). Cette forme publique est propre à l'Etat capitaliste. C'est elle qui a permis, quand les conditions de la naissance de la politique économique se sont trouvées réunies, la formation d'une zone particulière d'aménagement des rapports de classes.

S'agit-il là d'un point de vue exagérément juridique et formel, sous-estimant la violence étatique, et la domination du capital privé sur tout ce qui est dit "public" ? L'oppression étatique, le despotisme de la fabrique, vont de pair avec la forme marchande de la force de travail et la formulation des contrats. On ne peut pas négliger les premiers, mais on ne peut non plus tout ramener à eux, comme le font certains humanistes contemporains qui méconnaissent l'ensemble des conditions de l'exploitation capitaliste. Quelles que soient leurs ressemblances, l'entreprise n'est pas la prison. Les corps opprimés des "plébéiens", sont aussi ceux de ces ouvriers indisciplinés, de ces "sublimes" du XIXe siècle, qui font de 3 à 5 entreprises par an et que les patrons s'efforcent de retenir non seulement par des mesures disciplinaires, mais en aménageant le contrat de louage des services "par quelque clause intéressante et qui puisse séduire l'ouvrier" (14). Et comme l'existence du contrat de travail va de pair avec la forme **publique** de la contrainte étatique, qui "ne médiatise pas chaque rapport d'exploitation", la lutte de classe entre capitalistes et ouvriers a des modalités politiques qui lui sont propres. C'est sur ce terrain spécifique du capitalisme que peut naître, à un moment donné, la politique économique.

Avant de préciser les formes de celle-ci, il faut encore exposer trois points. En premier lieu, la politique économique suppose une unification de la classe ouvrière comme sujet économique, percevant et dépensant des revenus monétaires - c'est-à-dire une aliénation particulière. Sans doute la classe ouvrière doit-elle avoir percé comme sujet politique (révolution russe, lutte de classe internationale d'après la première guerre mondiale) pour pouvoir ensuite être prise comme sujet économique de revendications qui affecte la gestion de l'Etat ; cependant le second aspect est une dégradation du premier, en ce qu'il masque le rôle conjoint de l'exploitation capitaliste et de l'oppression étatique, ainsi que la division économique et politique du prolétariat.

En second lieu, l'on a constaté, lors de la grande crise des années 1930, que la plupart des couches sociales contribuant à la reproduction du circuit A-M-A' deviennent défaillantes, les agriculteurs, les petits bourgeois, les financiers. Quant au rapport fondamental de production, il ne peut fonctionner comme exploitation source de profit, sans un changement des conditions de vie de la classe ouvrière, lié à une modification massive des conditions d'extraction de la plus-value. Ainsi d'une part le champ étendu de ce qui devient "la politique économique" n'est pas réductible aux modalités de l'intervention étatique sur le salaire direct, il faut un ensemble de changements concernant les relations de l'Etat aux diverses couches sociales, et comportant des réformes de l'appareil monétaire et financier, de l'administration, de l'idéologie. Mais d'autre part la modification du rapport fondamental de classe entre capitalistes et classe ouvrière est au centre du nouveau rôle économique de l'Etat. Après les années 1930, la question étatique de la force de travail s'inscrit dans un contrôle capitaliste centralisé, au niveau de l'Etat, du salaire nominal direct, pris comme variable stratégique (15) ("contrôle" ne signifiant pas "maîtrise", il faut sans cesse le rappeler).

Enfin, il faut préciser que les cas envisagés ne seront pas ceux des "Etats d'exception", comme l'Etat fasciste ou l'Etat national-socialiste. D'après les analyses de Ch. Bettelheim (16) ou celles de N. Poulantzas (17), ou d'autres auteurs, deux types d'appréciations se combinent à ce sujet. En premier lieu, il y a une certaine continuité entre "l'Etat interventionniste" contemporain du "capitalisme de monopoles", et l'Etat fasciste, l'un et l'autre ayant la même base économique. Pour cette raison, "le droit présente, dans l'Etat fasciste, les mêmes caractéristiques essentielles que le droit dans les formes de l'Etat interventionniste : les différences sont secondaires, elles concernent principalement le droit du travail" (18). Ainsi le national- socialisme conserve-t-il le droit de la république de Weimar. L'Etat fasciste serait alors le révélateur de l'Etat interventionniste, dans lequel sommeillent des tendances oppressives qui se manifestent en cas de crise politique. Les deux ont le même type de politique économique. Il y a de nombreuses analogies, que ce soit dans l'organisation monétaire et financière, ou dans les réglementations des prix et des salaires. Peu importe alors que l'analyse de la politique économique concerne les "Etats d'exception" ou les "Etats interventionnistes". Toutefois - et c'est le second point - il y a une discontinuité entre les Etats fascistes et les autres. L'étendue du domaine du droit se trouve restreinte à la gestion économique, où la réglementation juridique reste "préservée pour l'essentiel". E. Fraenkel est même allé jusqu'à distinguer, dans le cas du national-socialisme, un "Etat normatif" à réglementation juridique - et un "Etat prérogatif" - absence de cette réglementation : le premier était maintenu par le nazisme en ce qui concerne la protection de l'ordre capitaliste et la propriété privée, et avait pleine autorité dans toutes les questions économiques" (19). La discontinuité affecte ainsi seulement ce qui sort du "domaine économique".

Cependant il s'agit là d'une conception étroite de "l'économie". Si comme l'indique Poulantzas, "le droit du travail" est affecté par l'Etat national-socialiste, il ne s'agit pas de quelque chose de secondaire pour la gestion économique, puisque ce droit touche aux rapports de classe et à la capacité d'action de la classe ouvrière. En reprenant des termes généraux, appliqués à l'étude du fascisme italien (20), on peut dire qu'il y a liquidation de la classe ouvrière comme sujet politique, et soumission à l'Etat par les appareils corporatifs de la force de travail comme objet politique. De ce point de vue il y a une discontinuité certaine entre les Etats-Unis de Rossevelt et l'Italie fasciste, malgré l'intégration idéologique au système capitaliste des syndicats américains, et malgré les analogies de certaines mesures économiques étatiques. C'est pourquoi les exemples de mutation de la gestion de la force de travail en politique économique laissent ici à l'écart le cas des "Etats d'exception".

III - La "nouvelle donne"

1) L'importance du "salaire nominal"

Les économistes libéraux des années 1920/1930 ont voulu faire croire que l'existence de l'assurance chômage en Angleterre était la "cause du chômage permanent" dans ce pays. Des articles de J. Rueff (21) ont expliqué que la "loi d'airain" du marché du travail était violée par la discipline syndicale, elle-même conditionnée par la politique de secours aux chômeurs. Ceux-ci, touchant des allocations sans travailler, font ce que leur demande le syndicat. Ils cessent d'offrir leurs services à un prix inférieur au salaire courant, et donc de faire pression sur le niveau de ce salaire. Du coup celui-ci ne baisse pas même si l'offre dépasse la demande de main-d'œuvre. Sa rigidité à la baisse empêche une augmentation de la demande. L'assurance chômage entretient ainsi le chômage ; événement exogène, elle perturbe les mécanismes de l'équilibre du marché du travail.

Les libéraux des années 1920/1930 reprenaient ainsi les arguments des économistes des années 1800-1830, avec en prime la condamnation de la discipline syndicale ouvrière. Ils annonçaient le courant néoclassique actuel (22). Or contre l'idée de "la loi d'airain", Marx avait montré qu'il n'y a pas de vrai marché du travail déterminant le niveau du salaire par le jeu de l'offre et de la demande, en raison du contrôle capitaliste de l'offre par le maintien d'une "armée de réserve". Contre les libéraux de son temps, Keynes critique les postulats de l'école néoclassique, selon laquelle les salaires "réels" sont la seule variable dont dépende l'offre de travail (23).

Si tel n'est pas le cas, dit Keynes, le raisonnement néoclassiques s'écroule tout entier, à commencer par l'idée qu'il n'y a que du chômage volontaire dû à l'insuffisance des salaires réels. "Or l'expérience courante enseigne indiscutablement qu'une situation où la main d'œuvre stipule (dans une certaine limite) en salaires nominaux plutôt qu'en salaires réels n'est pas une simple possibilité, mais constitue le cas normal" (24). Quels que soient les compromis de la conception keynésienne avec la conception marginaliste, l'important ici est que Keynes ne part pas plus du "salaire réel" de Pigou, base du marché néoclassique du travail, que du panier des biens de consommation incompressible des classiques.

Le salaire **nominal** est un des points de départ de l'analyse keynésienne de la détermination du volume de l'emploi, objet de ce qui sera la "politique économique". En substituant à l'utilité marginale du facteur travail, le salaire nominal comme point d'ancrage, Keynes se débarrasse de toute théorie du salaire, mais modifie le problème du chômage (de l'emploi), de façon telle que l'action de l'Etat puisse s'y insérer sous la forme d'une mise en circulation de certains flux monétaires. C'est par là que la politique économique de l'Etat sera incluse dans le cadre de l'idéologie "macro-économique", comme on le verra plus loin avec le schéma de Kalecki.

L'importance accordée par Keynes au salaire nominal constitue un déplacement théorique fondamental pour la représentation de la politique économique. Les circuits de dépenses et de revenus tracés par Boisguilbert ou Quesnay au XVIIe siècle et au XVIIIe siècle, ne peuvent être interprétés comme une préfiguration des circuits contemporains issus des conceptions de Keynes. Il s'agit pourtant chaque fois de circuits monétaires où la reproduction globale du revenu national s'effectue alors qu'un des secteurs est pris comme initiateur de la dépense : tels les propriétaires fonciers de Boisguilbert (25) qui ressemblent de ce point de vue à l'Etat moderne comme inducteur de dépenses de formation des revenus. Mais la ressemblance n'est que de surface. Car dans la conception keynésienne, le caractère exogène du salaire nominal est l'expression (mystifiée puisqu'on ne sait pas ce qui détermine le salaire), d'une disproportion inhérente à la production marchande capitaliste.

Pour parler en langage keynésien, les dépenses de formation du revenu (I/C) n'ont pas nécessairement la même proportion que les dépenses de disposition du revenu (E/C). En effet le versement du salaire monétaire ne donne pas d'indication initiale sur l'affectation de ce salaire à des dépenses de consommation ou à une épargne. Pour cette raison, "la division du produit entre investissements et biens de consommation n'est pas nécessairement la même que la division du revenu entre épargnes et dépenses de consommation. Car les travailleurs sont payés autant quand ils produisent pour l'investissement que quand ils produisent pour la consommation, mais ayant gagné leurs salaires, c'est eux qui s'incitent eux-mêmes à dépenser ou à modérer leur dépense de consommation. Pendant ce temps, les entrepreneurs ont décidé de façon indépendante dans quelles proportions ils produisent les deux catégories de produits" (26). Même si, avec Kalecki, l'épargne ouvrière est, dans un schéma simplifié présenté plus loin, nulle par hypothèse, la proportion des valeurs d'usage (biens de consommation/biens d'investissements) que les capitalistes décident de produire ne dépend pas de la proportion de biens de consommation que les travailleurs achètent. S'il n'y a plus de panier de biens de consommation ouvrière dont le volume est déterminé au départ, le caractère exogène du salaire monétaire introduit un degré d'incertitude concernant l'emploi de ce revenu : ceci est la représentation mystifiée d'une réalité, due au caractère monétaire du salaire, celle de "l'autonomie relative du cycle d'entretien de la force de travail sociale vis-à-vis des cycles de reproduction des capitaux", évoquée plus haut. La prise en compte par Keynes du **salaire nominal comme variable exogène** modifie tout le dispositif du circuit, et par conséquent le sens d'une intervention de l'Etat. Si celle-ci se trouve appelée maintenant, c'est en raison des perturbations possibles engendrées par les désajustements des décisions économiques privées. L'intervention étatique peut se présenter comme politique économique publique, ayant pour objet un réajustement des dépenses globales. L'Etat, considéré comme un agent économique public (exogène), intervenant dans les flux monétaires, est à son tour incorporé dans une représentation d'ensemble de la circulation nationale.

2) Une nouvelle gestion étatique de la force de travail

Le "Fair Labor Standards Act" qui date de 1938, "est un exemple majeur de ce que Roosevelt appelait le New Deal pour l'homme de la rue. Dans l'espace de quelques mois cette loi engloba dans sa juridiction plus de 12 millions d'ouvriers et établit des durées maxima pour la semaine de travail (40 heures par semaine à partir de 1941), les heures supplémentaires étantpayées une fois à une fois et demie le salaire normal. Les salaires minima devaient atteindre 40 cents de l'heure en 1945, avec un maximum de 45 cents payables plus tôt suivant la recommandation de comités d'industrie. Il était interdit de faire travailler des enfants de moins de 16 ans (18 ans s'il s'agissait de travaux dangereux)" (27). Cependant, en cas de chômage massif, les règles concernant les salaires perdaient leur signification. Leur application supposait un contrôle du marché du travail que le capital n'était pas à même d'assurer directement au début des années 1930. C'est pourquoi les politiques de l'emploi datent de cette période : si l'Etat est directement impliqué dans la fixation du niveau du salaire, il l'est aussi par le niveau de l'emploi. Il ne s'agit plus, comme au cours de l'accumulation primitive, de contraindre une masse de travailleurs autochtones au salariat capitaliste Ce qui est maintenant en cause, c'est la gestion étatique d'un certain niveau d'emploi - ou de chômage - global ; les politiques de "plein-emploi" des années 1945, et celles de chômage contrôlé des années 1974-75, sont de même nature. Le despotisme capitaliste, qui se manifeste par l'action du capital sur "les deux côtés du marché du travail", l'offre et la demande de main-d'œuvre, a maintenant besoin d'une intervention étatique directe dont l'ampleur et les modalités vont être l'objet d'ajustements incessants.

Si l'on prend de nouveau le cas de l'assistance aux chômeurs, on a vu (28) que celle-ci se transforme au cours du XXe siècle : en devenant un droit, elle exprime une extension du droit bourgeois comme droit du travail ("je cotise, donc j'ai droit") ; en devenant un élément de politique économique, elle exprime une consolidation du système du salariat, en même temps qu'une modification de l'importance du salaire nominal : les deux aspects sont liés à l'intervention étatique directe dans le rapport A-M. La gestion étatique du chômage va s'effectuer selon des règles propres qui doivent cependant être appropriées à la reproduction du salariat capitaliste. D'où les discussions sur la forme de cette gestion, et sur son ampleur. Le calcul de ressources minimales, en % du salaire direct, doit permettre au chômeur de ne pas tout perdre, et de rester un consommateur, mais aussi l'inciter à cesser d'être chômeur le plus rapidement possible. La bienveillance de l'Etat du welfare est un aspect complémentaire du despotisme capitaliste sur la force de travail contrainte à un emploi salarié. D'où l'usage de la mesure. Ainsi en France la somme de l'assistance chômage et de l'assurance complémentaire ne doit pas baisser au-dessous d'un taux minimum, ni dépasser un maximum de 90 % du salaire antérieurement perçu, et cela pendant une durée d'un an. En même temps, le contrôle des causes du licenciement, "économiques" ou non, se précise. Aux Etats-Unis, le montant de l'allocation chômage correspond en moyenne à 36 % du salaire, et se trouve complété par les versements d'un fonds spécial institué par convention collective, jusqu'à l'épuisement de ce fonds qui peut se produire si le chômage se prolonge. Dans les différents pays capitalistes, l'ensemble du dispositif sert à diluer la pression du chômage sur les revenus ouvriers, et à éviter une rupture brutale de la consommation, en reportant les échéances (délai d'un an par exemple, pour retrouver un emploi). Cela va dans le même sens que le crédit en régime de monnaie à cours forcé (29). La sanction concernant la valeur de la force de travail, "démonétisée" par le chômage, se trouve en partie différée par les allocations qui font office de "pseudo-validation" sociale (par l'Etat) de la valeur de la force de travail.

Il faut cependant que cette gestion étatique du chômage reste "mesurée", c'est-à-dire qu'elle ne soit pas trop contraignante pour les chefs d'entreprise, sous l'effet de l'âpreté des luttes sociales. Sinon, il se reconstitue une sorte d'emploi sauvage, échappant à toute réglementation, et à toute protection des travailleurs. C'est le cas en Italie, où il y aurait près d'un million et demi de travailleurs à domicile "qui ne jouissent d'aucune garantie" (30). C'est le cas en France avec le développement des sociétés de "louage de main-d'œuvre", qui fournissent des travailleurs temporaires, immigrés notamment, nommés "les hors-la-loi du travail" dans un article de la revue *Expansion* (31) de décembre 1971. "Depuis un mois, l'euphémisme fleurit en Lorraine. La restructuration de la sidérurgie - on en jure ses grands dieux - ne touchera personne dans son travail. Les tâches au forfait, confiées à des entreprises de louage de main-d'œuvre, seront réservées désormais aux salariés de Wendel-Sidélor ; voilà tout. Les 4 000 ouvriers de ces entreprises de louage : juridiquement escamotés. Ils retourneront à la réserve d'où la sidérurgie les tirait quand elle avait besoin de 150 hommes pour nettoyer un haut fourneau ou d'une équipe, le dimanche, pour évacuer les croûtes produites en cours de laminage. Problème résolu". Ainsi, ou bien la législation "sociale" va de pair avec la "mobilité du travail", la gestion étatique étant un nouvel aspect du contrôle capitaliste du salaire ; ou bien elle gêne ce contrôle et elle est tournée, au moins pour une partie des travailleurs : alors la diversité des conditions d'emploi, la co-existence de diverses sortes de gestion, entérinent le fractionnement de la classe ouvrière.

La gestion étatique du chômage est une des faces de la gestion capitaliste de l'emploi et du salaire. Suivant la conjoncture, ce qui domine la politique économique est l'action contre le chômage (dépression des années 1930), le soutien du "plein emploi" (après la deuxième guerre mondiale), ou l'organisation du chômage (crise inflationniste des années 1970). Les types de luttes sociales et la stratégie capitaliste diffèrent, mais chaque fois l'Etat est politiquement impliqué. Il est désormais tenu pour responsable de la gestion de la main-d'œuvre nationale. A lui de définir des taux de salaire minimum et maximum, des règles concernant l'emploi des étrangers et des jeunes, des pourcentages d'allocations de chômage, etc... Tel est le cœur de la politique économique contemporaine, qui a pour vocation principale de prêter main forte au contrôle capitaliste du marché du travail.

Sont mises en œuvre des réglementations de toute sorte, mais aussi d'autres actions, comme la "politique monétaire" ou la "politique financière". On a vu plus haut que la forme de la politique économique, telle qu'elle est perçue idéologiquement, a un caractère global, comme gestion de "l'économie" par l'Etat ; les mesures partielles sont alors appréciées non seulement quant à leur efficacité locale, mais relativement à leur cohérence dans un ensemble. Cette idéologie peut se développer quand la contrainte **étatique** se présente comme contrainte **publique**, extérieure à chaque capital singulier ; mais cela ne suffit pas. Encore faut-il que la contrainte politique apparaisse sous un jour nouveau, comme condition **technique** de l'enchaînement A-M affecté par la crise.

IV - Une économie monétaire "à la Keynes"

L'économie politique de la politique économique doit présenter une économie monétaire "à la Keynes", distincte de l'économie monétaire "à la Marx" où fonctionne une polarité irréductible entre marchandise et monnaie (32). Dans la perspective keynésienne, A et M apparaissent comme des flux monétaires globaux, sur lesquels des flux de même sorte, émanant de l'Etat, peuvent avoir un effet.

Un des schémas les plus significatifs de ce point de vue est celui de Copeland (33), étudiant les flux monétaires aux Etats-Unis. Dans son circuit d'ensemble, les transactions sont définies comme des transferts de droits négociés entre deux sujets qui sont des unités de compte recevant et dépensant de la monnaie. Chaque secteur se trouve "entre" d'autres secteurs ; aucun n'a de rôle initial ou final.

Après avoir présenté un circuit homogène sans commencement ni fin, Copeland essaie de distinguer les secteurs stratégiques, ceux qui ont un pouvoir sur leurs propres flux monétaires (comme le gouvernement avec son budget pendant la guerre), ou ceux qui ont un pouvoir sur les flux monétaires des autres (comme les banques). La représentation des dépenses publiques comme flux insérés dans un circuit, est une condition décisive pour que les gestions étatiques soient représentées comme politique économique. Cependant, outre cette homogénéité des flux macro-économiques, il faut une liaison du "produire" et du "consommer" par l'interposition du salaire monétaire, variable exogène à l'origine d'un déséquilibre qui doit être résorbé. On saisit bien la particularité de cette conception précisément dans une tentative comme celle de Kalecki, qui essaie de combiner une présentation des schémas marxistes de la reproduction avec une représentation macro-économique de caractère keynésien (34).

1) Le schéma de Kalecki

Kalecki analyse "les déterminants des profits et du revenu national" d'abord dans un modèle simplifié où le bilan du "Produit national brut" est le suivant :

Profits bruts . . . . Investissements bruts
Salaires et traitements . . . . Consommation des capitalistes
Consommation des salariés
Produit national brut . . . . Produit national brut (emplois)
(Ressources)

Par hypothèse, les travailleurs dépensent en biens de consommation tout leur revenu. "Il s'ensuit directement que :

Profits bruts = Investissement brut
                + consommation des capitalistes" (35).

Ce sont les décisions d'investissements et de consommation des capitalistes qui déterminent les profits bruts. Pour préciser cela, Kalecki se réfère aux schémas de la reproduction exposés par Marx dans le livre II du *Capital*, et il subdivise toute l'économie en trois secteurs : le secteur I, produisant les biens d'équipement (d'investissement), le secteur II ceux de la consommation des capitalistes, et le secteur III ceux de la consommation des travailleurs. "Les capitalistes du secteur III, après avoir vendu aux travailleurs la quantité de biens de consommation correspondant à leurs salaires, auront encore entre les mains un surplus de biens de consommation qui sera égal à leurs profits. Ces biens seront vendus aux travailleurs des secteurs I et II, et - puisque les travailleurs n'épargnent pas - ils seront égaux à leurs revenus. Ainsi, les profits totaux seront égaux à la somme des profits du secteur I, des profits du secteur II et des salaires dans ces deux secteurs. Ou encore, les profits totaux seront égaux à la valeur de la production de ces deux secteurs - en d'autres termes, à la valeur de la production des biens d'investissement et des biens de consommation destinés aux capitalistes" (36). Si P désigne le profit, w le salaire, I et C l'investissement et la consommation, on a $P_1 + P_2 + P_3 = P_1 + P_2 + W_1 + W_2 = I + Cc$, retrouvant ainsi par le détour marxiste l'équation de base proposée plus haut.

Pour une répartition donnée dans les trois secteurs entre profits et salaires, la production des secteurs I et II détermine celle du secteur III. Ce n'est donc pas la production qui détermine la répartition. Ni la répartition qui détermine la production. "De cette manière, la consommation et l'investissement des capitalistes, conjointement aux "facteurs de la répartition" déterminent la consommation des travailleurs et, par suite, le produit national et l'emploi. Le produit national s'accroîtra jusqu'au point où les profits qui s'en détachent suivent les "facteurs de la répartition" sont égaux à la somme de la consommation et de l'investissement des capitalistes" (37), l'hypothèse d'offre élastique étant posée. Les décisions de dépense des capitalistes déterminent les profits *réels*, les salaires *réels* formant un résidu, compte tenu d'une répartition donnée par ailleurs entre profits et salaires *monétaires*.

Lorsque Kalecki passe de son modèle simplifié à une situation plus complexe, où l'économie n'est pas un système autarcique ni un tout dépourvu d'Etat, il complète le bilan du Produit national brut de la façon suivante :

Profits bruts nets d'impôts (directs). . . . . Investissement brut
Salaires et traitements nets d'impôts (directs) . . . . . . Excédent d'exportation
Impôts (directs et indirects) . . . . Dépense publique en biens et services
                                                Consommation des capitalistes
                                                Consommation des travailleurs
Produit national brut . . . . Produit national brut

Les "marchés extérieurs", constitués par les excédents d'exportation, et par les déficits budgétaires (dépenses publiques < impôts) permettent aux capitalistes de faire des profits supplémentaires, au-delà de leurs propres achats de biens et de services (38).

Le compromis proposé par Kalecki entre marxisme et théorie macro-économique, grâce à l'aménagement des schémas de la reproduction, n'est possible qu'au prix d'une évacuation du contenu marxiste des notions utilisées. Ainsi, avec la disparition du concept de valeur de la force de travail, le salaire change de sens et devient une catégorie de la répartition des revenus : plus ou moins élevé selon le rapport des forces au plan monétaire (chez Kalecki notamment le degré de monopole capitaliste), une fois la répartition donnée, il représente des dépenses en biens de consommation ouvrière qui s'inscrivent dans la détermination d'un produit global brut d'équilibre. La particularité du salariat est soulignée par la construction d'un secteur produisant des biens de consommation pour les travailleurs, mais elle est niée du fait que la consommation, identique au revenu, est considérée comme une sorte d'affectation aux travailleurs d'une partie du produit. L'homogénéité des flux analysés tient alors au caractère monétaire des grandeurs considérées. La consommation des salariés, bien qu'elle porte sur des valeurs d'usage particulières, peut ainsi être additionnée avec celle des capitalistes, puis avec la dépense publique, comme élément d'une demande globale exprimée monétairement. Mais elle est sur-déterminée (c'est un résidu des dépenses capitalistes *et* un résultat des "facteurs de la répartition"), en même temps qu'indéterminée (sans rapport avec la valeur de la force de travail).

On peut passer du schéma simplifié d'une économie sans Etat au schéma plus complet, puisque l'Etat est ici un secteur qui comme les autres a des ressources et des emplois monétaires. C'est dans cette perspective que depuis les années 1930 sont analysées les dépenses et les recettes de l'Etat comme flux monétaires extérieurs au secteur privé et pouvant devenir l'objet d'une politique financière, élément de la politique économique. La conception néo-classique, "où l'accent est mis paradoxalement sur la continuité et l'homogénéité entre l'Etat et le marché (et non plus sur leur hétérogénéité)..." (39) n'est pas, **de ce point de vue**, différente de la conception keynésienne. L'idéologie de la politique financière comme élément de la politique économique a besoin de rendre homogènes aux autres grandeurs économiques celles qui sont censées relever de l'Etat comme secteur public. De même que la contrainte étatique capitaliste doit se présenter comme contrainte publique, extérieure à chaque capitaliste singulier, la politique économique capitaliste doit se présenter comme effet d'un secteur public agissant dans l'ensemble des flux monétaires. Que l'on parte de ces flux qui se rapportent à différents types de ressources et d'emplois, ou que l'on "monétarise" des valeurs d'usage fournies par l'Etat (40), dans les deux cas la politique financière porte sur des grandeurs monétaires susceptibles d'être insérées dans des analyses en termes d'offre et de demande globales. Il en résulte que ce secteur public hors marché par définition, tient compte, dans l'expression de son activité économique, d'une norme d'équilibre des marchés. Sur ce point, l'opposition entre keynésiens et néoclassiques est moins grande que leur entente.

2) Le "biais inflationniste" de la politique économique keynésienne

Selon D.K. Foley (41), les relations entre monnaie, taux d'intérêt, investissement chez Keynes, relèvent de la psychologie ("préférence pour la liquidité", "anticipations"), et sont de ce fait des phénomènes qualitativement continus, ne connaissant que des variations quantitatives. Ainsi la thésaurisation, fait monétaire structurel chez Marx, devient chez Keynes une possibilité d'ordre quantitatif seulement. L'économie peut donc aller de façon continue et réversible, d'une situation où par le jeu de la "trappe de la liquidité" (thésaurisation incompressible), le système monétaire est déconnecté de la production, à une autre situation, où la demande de monnaie change de forme et où l'action de la monnaie peut en partie déterminer l'investissement, discontinuité quantitative seulement.

Il est certain que "l'économie monétaire "à la Keynes" élimine la différence qualitative entre marchandise et monnaie telle que la conçoit Marx. Aussi bien élimine-t-elle la théorie de la valeur et de la valeur d'échange qui est à la racine du rapport et de la distinction entre marchandise et monnaie. Le problème étant de ré-amorcer à tout prix le circuit des transactions, il s'agit d'absorber une offre excédentaire par une augmentation de la demande sociale. C'est affaire de volume, de quantité, de telle sorte que la nature de la demande est indifférenciée. Peu importe qu'elle soit privée ou publique. Peu importe qu'elle concerne l'assistance sociale, les dépenses militaires, les travaux publics. Il peut ainsi se créer ce que P. Mattick appelle de "pseudo-marchés", les produits qu'achète l'Etat n'étant pas "vraiment achetés" s'ils le sont en échange d'une augmentation d'impôts et d'une augmentation de la circulation fiduciaire (42).

Mais ce qui importe ici, c'est le fonctionnement de ces "pseudo-marchés" par rapport à la validation sociale des travaux privés (43). La demande émanant de l'Etat, en cas par exemple de déficit budgétaire, ne permet qu'une "anté-validation" de l'offre (règlement effectif différé), voire même seulement une "pseudo-validation" de cette offre (règlement indéfiniment différé). Ainsi la politique économique de la demande effective autonome a-t-elle un "biais inflationniste" qui lui est propre. Elle combine un certain type de gestion étatique de la force de travail salariée avec l'usage d'une monnaie à cours forcé et d'une large dette publique, qu'elle s'analyse ensuite en "politique monétaire", "politique financière", ou "politique des revenus" (44).

Dans une telle perspective, la contrainte publique peut apparaître comme condition technique d'un enchaînement de flux A-M. La politique financière (variation de certaines dépenses ou recettes provoquée pour agir sur la demande ou l'offre globales ou sectorielles), rejoint la politique monétaire (variation de la liquidité des banques provoquée pour agir sur l'offre de crédit et la dépense), comme élément d'une vaste manipulation de flux monétaires inducteurs. En se combinant dans la notion de "la politique économique", les différentes gestions étatiques, tout en conservant leurs points d'application particuliers, apparaissent comme des parties constitutives d'un ensemble, où leur utilisation pose un problème de dosage. Selon les cas, on peut montrer que la politique financière, la politique monétaire, la politique sociale, se complètent à un moment donné, ou que l'une d'elles domine, voire remplace les autres. Mais aucune de ces formes n'est privilégiée par rapport à l'objet central de la politique économique, assurer ou compléter le contrôle capitaliste du marché du travail. D'où la nécessité de poursuivre l'analyse, pour voir comment s'expriment des enjeux et s'opèrent des ajustements selon les différentes formulations de "la politique économique".

NOTES

(1) Marx, *Critique de l'économie politiques*, Editions Sociales, p. 251.
(2) Selon une expression d'A. Negri.
(3) Selon une expression de L. Althusser.
(4) *Economic Policy in our time*, vol. I, General Theory, p. v et 3, North Holland, Amsterdam 1964.
(5) *Le Capital*, tome 4, Editions Sociales, p. 50.
(6) Cité par M. Einaudi, dans *Roosevelt et la révolution du New Deal*, A. Colin, 1961.
(7) M. Aglietta, thèse, *opus cit.*, p. 181.
(8) Article 7 A, cité par M. Einaudi, *opus cit.*, p. 77.
(9) *L'accumulation du capital*, traduc. franç., chapitre 31, petite édition Maspero, tome II, p. 117.
(10) Aglietta, thèse, *opus cit.*, p. 274.
(11) E.B. Pašukanis, *La théorie générale du droit et le marxisme*, trad. franç. EDI, Paris, 1970, p. 128.
(12) *Id.*, p. 129.
(13) *Id.*,
(14) H. Hatzfeld, *opus cit.*, p. 105 et 108.
(15) Cf. les travaux de Negri, déjà cités.
(16) Dans *L'économie allemande sous le nazisme*, M. Rivière, Paris, 1946.
(17) Dans *Facisme et dictature*, Maspero, Paris, 1970.
(18) N. Poulantzas, *opus cit.*, p. 354.
(19) N. Poulantzas, *opus cit.*, p. 377.
(20) "Le facisme comme "révolution d'en haut" ", par Marco Revelli, Revue *Primo Maggio*, n° 5, Milan, p. 63.
(21) Présentés et commentés pas H. Hatzfeld, *opus cit.*, p. 48 et suivantes.
(22) Cf. M. Aglietta, "l'évolution des salaires en France au cours des vingt dernières années", Revue *Economique*, janvier 1971, p. 71-74.
(23) *Théorie générale de l'emploi, de l'intérêt et de la monnaie*, trad. franç., Payot, p. 30, p. 287-295, etc...
(24) *Ib.*, p. 287-295. Cf. aussi p. 263-264 : "Nous pouvons donc en de nombreux cas considérer comme variable(s) indépendante(s) élémentaire(s)... l'unité de salaire telle qu'elle est déterminée par les conventions entre les employeurs et les employés...".
(25) Sur ces points cf. J. Cartelier, *Surproduit et reproduction : la formation de l'économie politique classique"*, à paraître chez Maspero-PUG, 1976.
(26) Keynes, *Treatise on money*, chapitre 10, p. 136.
(27) Cité par M. Einaudi, *opus cit.*, p. 86.
(28) Cf. chapitre 1.
(29) Cf. chapitre 2, p.

(30) Article de S. Dervecchi (La Stampa), reproduit dans *Le Monde*, 2 avril 1974, p. 22.

(31) Cité dans *Mouvement du capital et processus de paupérisation*, par M. Freyssenet et F. Imbert, CSU, 1973, p. 72-73.

(32) Cf. plus haut, chapitre 2, p.

(33) Dans *A study of moneyflows in the U.S.*, 1952.

(34) Cf. *Théorie de la dynamique économique*, éd. franç. de 1966, Gauthier-Villars, p. 31 et suivantes.

(35) *Opus cit.*, p. 32.

(36) *Ib.*, p. 33.

(37) *Ib.* .

(38) *Opus cit.*, p. 37.

(39) H. Brochier, Préface à *L'approche contemporaine de la valeur en finances publiques*, par X. Greffe, Economica, 1972.

(40) X. Greffe, *opus cit.*, p. 54 et suivantes.

(41) "Towards a marxist theory of money" (p. 28-30), *Technical report* n° 181, Institute for mathematical in the social Sciences, Stanford, 1975.

(42) Dans *Marx et Keynes*, trad. franç. Gallimard, 1972, p. 185 et suivantes.

(43) Et non par rapport au problème de la "dévalorisation" du capital sous diverses formes dans l'optique du "capitalisme monopoliste d'Etat".

(44) Pour L. Gillard, on pourrait faire "de toute intervention publique l'équivalent plus ou moins implicite d'une politique des revenus", en ré-interprétant "les décisions publiques en fonction des résultats qu'elles produisent effectivement sur les rapports sociaux" : dans "Premier bilan d'une recherche économique sur la méso-analyse", Revue *Economique*, mai 1975, p. 501-502.

CHAPITRE IV

FORMES DE LA POLITIQUE ÉCONOMIQUE
(Fractionnement et unité de la politique économique)

Quand la politique économique a émergé, au cours d'une période déterminée de l'histoire capitaliste, elle a englobé les aspects permanents et fondamentaux de l'intervention économique de l'Etat, gestion de la force de travail et gestion de la monnaie. Ces aspects se sont alors eux-mêmes modifiés, tout en restant, comme on le verra, les noyaux durs de l'action économique étatique. Cependant, en même temps que formulée comme ensemble global, la politique économique se fractionne, et ne peut fonctionner autrement que fractionnée, selon les institutions (Trésor, Banque centrale...), les objectifs (économie fermée, économie ouverte), mais surtout selon la plus ou moins grande maniabilité des politiques en fonction des rapports de classe. Cela conduit au problème du maintien de la capacité d'intervention économique de l'Etat, qui constitue le véritable enjeu des débats sur le secteur public et le secteur privé.

I - La dualité de la politique économique

L'objet général de la politique économique, comme maintien du contrôle capitaliste de la force de travail et de la monnaie, a un double aspect. En premier lieu, le maintien de ce contrôle est lié au desserrement de certaines contraintes marchandes par l'intervention de l'Etat. Ainsi se trouve détendue la liaison entre la vente de la force de travail et l'obtention d'un revenu, du fait du système des allocations et prestations. C'est aussi le cas de la liaison entre revenu et dépense, du fait du système du crédit. La conception keynésienne du salaire et de la monnaie, qui se passe de référence à la valeur travail, permet un glissement continu, de la marchandise à la monnaie. Car elle évacue toute théorie de la marchandise ; il n'y a que des objets de comportements déterminés, eux-mêmes exprimés par des flux monétaires devant s'ajuster entre eux. On a une sorte d'économie monétaire sans économie marchande.

"Le schéma keynésien était surtout, quoique bien inconsciemment, une tentative hardie pour faire disparaître définitivement la polarité des marchandises et de la monnaie. Il l'était inconsciemment parce que ses auteurs n'avaient pas la moindre idée que cette polarité est essentielle à la stabilité du système de production de marchandises" (1). En se rapportant à l'ensemble des notions déjà avancées ici, on peut dire que la conception de Keynes fonde une pratique de "pseudo-validation sociale" de travaux privés en rapport avec des contraintes étatiques affectant sous de nouvelles formes la marchandise particulière force de travail et la monnaie.

Cependant - et c'est le second aspect à considérer -, le maintien du contrôle capitaliste de la force de travail et de la monnaie implique aussi la persistance de contraintes marchandes. L'assouplissement des liens entre vente de la force de travail, revenu et dépense, ne peut se faire que dans les limites du caractère particulier de la reproduction de la force de travail et de la monnaie. Faute de quoi on surestime la toute puissance de l'Etat et on dénature le caractère des contraintes étatiques. La "démonétisation" de la force de travail, en cas de chômage par exemple, peut être différée ou partiellement compensée ; mais il n'en reste pas moins que la référence économique et sociale est le salariat, c'est-à-dire l'obligation pour la force de travail, de trouver un emploi, et d'être socialement validée comme marchandise. De même en ce qui concerne la monnaie, quand la reproduction de l'équivalent général est suspendue ou altérée, cela n'exclut pas le jeu de certaines sanctions affectant les monnaies capitalistes. Sinon l'on aurait une situation permanente de désordre et d'instabilité, qui bloquerait la poursuite des transactions. Ce serait le cas par exemple si la situation actuelle de la petite monnaie métallique italienne s'étendait à toute la monnaie centrale! Les petites pièces ayant disparu de la circulation en Italie, elles se trouvent remplacées soit par des valeurs d'usage ou des droits sur ces valeurs, timbres, tickets de métro, bonbons, soit par des bons d'achat qu'un magasin émet exclusivement sur lui-même et qui ne permettent pas d'acheter ailleurs. Pourtant les transactions marchandes peuvent se poursuivre avec la monnaie bancaire privée et les billets de banque, qui réduisent le troc à une sphère limitée, cernée et quantifiée à partir de monnaies elles-mêmes validées socialement. La validation sociale des travaux privés, qu'exprime l'échangeabilité de la marchandise et de la monnaie, implique une certaine polarité entre marchandise et monnaie, qui se reconstitue sans cesse.

Le maintien du contrôle capitaliste de la force de travail et de la monnaie, comme contrôle indirect se faisant dans la politique économique, a ainsi un double aspect. Le nécessaire desserrement des contraintes marchandes n'entraîne pas la suppression de ces contraintes, dont au contraire le maintien influe sur la forme des gestions étatiques. Cette dualité se reflète dans la politique économique keynésienne, qui a un biais inflationniste, alors qu'elle se veut anti-inflationniste (2) ; et elle se développe comme fractionnement de la politique économique elle-même, selon diverses lignes de partage.

II - Pluralité et ajustements

La politique économique se présente comme un sous-ensemble de la politique, composé d'éléments diversifiés selon les institutions et le mode d'action de celles-ci : politique monétaire d'action directe sur des flux particuliers et de réglementation par la Banque centrale, politique financière de dépenses et recettes budgétaires, établissement par le gouvernement de règles concernant le salaire minimum ou les taux d'augmentation des salaires, etc... Ce n'est pas en procédant à une énumération puis une addition de ces éléments que l'on obtient comme résultat un ensemble "politique économique". On a vu qu'une certaine homogénéité, par la réduction à des flux monétaires et des secteurs interdépendants, était nécessaire. Mais elle n'est pas suffisante. Ce n'est pas en partant d'une cohérence résultant d'un projet global que l'on peut combiner des actions complémentaires : les modèles de décision présupposent un Etat sujet au lieu de montrer comment dans certains cas l'Etat peut être "interpellé comme sujet" de la politique économique, sans que pour autant celle-ci ait la cohésion d'un ensemble d'objectifs et d'instruments.

Le contrôle capitaliste de la force de travail et de la monnaie, tout en accédant à la forme de la politique économique, passe par un fonctionnement fractionné selon la pluralité et la diversité des flux sur lesquels une action étatique peut avoir un effet. Cette action a un caractère à la fois immanent et extérieur à l'économie en tant qu'elle applique des règles de gestion à des objets déterminés (monnaie, budget, revenus...). Il faut trouver un fil conducteur pour analyser les ajustements qui s'opèrent et unifient provisoirement ces éléments fractionnés. Si l'on présuppose l'unité de l'Etat, manipulant et ajustant des flux derrière lesquels c'est toujours lui que l'on retrouve, l'on manque le mouvement effectif qui s'opère comme unification et ancrage politique d'éléments diversifiés.

Les problèmes de gestion sont couramment posés de la façon suivante : pour remédier au chômage, y a-t-il plutôt ouverture des vannes du crédit, ou augmentation massive des dépenses publiques ? Ou les deux mesures se combinent-elles ? Il peut y avoir, selon les cas, dosage ou conflit. Or, pour interpréter les décisions prises (par exemple dans certains cas priorité de la politique monétaire par rapport à la politique financière), il faut se rapporter à la plus ou moins grande **maniabilité politique** des mesures adoptées, dans le cadre d'une politique générale capitaliste définie en fonction des rapports de classe. Combiner ou privilégier la politique monétaire, la politique financière, la politique des revenus, cela dépend des contraintes marchandes spécifiques de la gestion de la monnaie, des finances, de la force de travail, relativement aux besoins d'une stratégie de classe. Pour avoir un effet, la politique économique doit fonctionner comme unité de sous-ensembles gérés à leur propre niveau, fractionnés en même temps qu'interdépendants, et hiérarchisés selon leur maniabilité dans une conjoncture donnée. Cela ne veut pas dire pour autant qu'elle maîtrise l'effet qu'elle exerce, d'où le caractère incessant des ajustements de toute sorte. Dès lors, tenir compte de la diversité et de la plus ou moins grande décentralisation *des institutions* (Banque centrale, Trésor, etc...) est nécessaire mais non suffisant. Tenir compte des conflits *d'objectifs généraux* (par exemple croissance dans une économie fermée ou dans une économie ouverte), est également nécessaire, mais non suffisant. Encore faut-il chercher *comment la politique générale capitaliste a un effet sur la forme de la politique économique, compte tenu de la nécessité du maintien de certaines contraintes marchandes.*

1) Dosage, conflits et institutions

La plupart des analyses de la politique économique tiennent compte du degré de coordination et de centralisation des institutions qui se trouvent chargées d'exécuter la politique économique, bien que leur mise en place et leur fonctionnement soient souvent largement antérieurs à la formation de cette politique. Des exemples ont été pris concernant les rapports du Trésor et de la Banque de France au cours des années 1952-58 (3), ou au cours des années 1959-1972 (4). On y reviendra plus loin pour éclairer un autre aspect de la question. D'autres exemples sont fournis par l'analyse de la "New Economics", la "nouvelle politique économique" américaine mise en œuvre par J.F. Kennedy en 1962 et poursuivie par L.B. Johnson. Seules les dépenses sociales de gestion de la force de travail ont été évoquées jusqu'à présent. J. Singer-Kérel a présenté une analyse d'ensemble de "la nouvelle politique économique" (5), et a montré quelle ligne directrice le gouvernement démocrate et ses conseillers néo-keynésiens du "Concil of economic Advisers" (CEA) avaient adoptée.

Pour atteindre, sinon le plein emploi, du moins un taux élevé d'emploi, sans risque d'inflation, la priorité est donnée à une politique active des finances publiques. Les achats gouvernementaux de biens et de services augmentent la demande globale ; en même temps, l'abaissement du taux des impôts augmente la capacité de dépense du secteur privé. La politique monétaire doit s'adapter à cette politique financière, en fournissant des liquidités abondantes qui peuvent faire baisser suffisamment les taux d'intérêt pour inciter les entrepreneurs à accroître leurs investissements sans pour autant favoriser l'inflation (6). "Ainsi l'utilisation de mesures de politique des finances publiques et de politique monétaire supposait-elle un certain partage - à la fois combinaison et coordination - des tâches. Le CEA estimait qu'il existe "en principe, divers dosages possibles de la politique des finances publiques et de la politique monétaire susceptibles d'assurer un objectif donné de stabilisation économique : le choix dépendait des autres objectifs envisagés et de contraintes existantes". Ce dosage, ou policy mix, se situait entre l'adoption du dyptique budget déflationniste-argent facile d'une part, et budget expansionnniste-argent rare d'autre part... Le dosage des divers instruments de la politique économique devait être aisément modifié pour s'adapter à toute nouvelle situation économique. Gouverner, c'était opérer rapidement les ajustements nécessaires, régler au plus près les différentes politiques, pratiquer le "fine tuning", réglage fin" (7). Il est présupposé que les diverses politiques sont comparables entre elles, quant à l'effet qu'elles peuvent avoir. Encore faut-il que les diverses institutions étatiques acceptent dosage et ajustements. Dans le cas examiné, un accord se fit au début pour la mise en œuvre d'une politique d'expansion à dominante financière, la Banque centrale américaine (8) adaptant sa gestion en conséquence. La collaboration entre institutions étatiques différentes fut même une des bases de la "nouvelle politique économique".

Les choses changèrent cependant à la fin de 1965 et au début de 1966, après le démarrage d'une hausse importante des prix. Le dosage fit alors place aux divergences des politiques économiques, les objets et les institutions entrant en conflit. Devant la hausse des prix, la Banque centrale engagea une politique monétaire restrictive, contraire à la politique des finances publiques. Celle-ci comporta, notamment à partir du début de 1968, une forte augmentation des dépenses de l'Etat, d'une part dépenses sociales, d'autre part dépenses militaires (guerre du Vietnam). La différence des orientations monétaire et financière se manifesta dès la fin de 1965. "L'action la plus spectaculaire intervint début décembre, avec le relèvement du taux de l'escompte de 4 % à 4,5 %. Cette décision fut adoptée à une faible majorité du Board of governors, et marquait une rupture avec la politique de coordination pratiquée jusqu'ici avec le gouvernement. Elle allait même à l'encontre des déclarations des représentants du Trésor. La controverse porta non seulement sur la décision elle-même, mais aussi sur la date ; pour certains, cette décision aurait pu être prise en janvier, en liaison avec le programme budgétaire. Le conflit posa à nouveau le problème de la coordination entre le gouvernement et le Federal Reserve Board, et surtout de l'indépendance du second par rapport au premier" (9). Au début de 1966, la politique monétaire de pression sur les liquidités bancaires engendra de vives difficultés pour le système de crédit. Il ne s'agissait pas d'un nouveau dosage, entre un budget expansionniste et des restrictions de crédit, mais plutôt de la juxtaposition de deux orientations différentes de la politique économique. Il n'y eut pas ajustement par la mise en œuvre d'une politique des revenus par exemple ; celle-ci, esquissée par la définition de "principes directeurs de comportement non inflationniste des salaires et des prix" ("wage-price guideposts"), ne fut pas appliquée.

Si l'on veut préciser ce que deviennent le dosage et le réglage des politiques économiques, en rapport avec l'analyse d'ensemble menée ici, on voit que la forme des désajustements qu'exprime le conflit institutionnel entre la Banque centrale et le Trésor, est d'abord le signe d'un changement de la politique générale. La nature des nouvelles dépenses publiques est telle que le volume de ces dépenses supplémentaires n'a pas de caractère instrumental comme gestion expansionniste des finances publiques. L'augmentation des dépenses sociales est, on l'a vu (10), une réponse à un problème politique ; désarmorcer l'agitation intérieure, notamment les révoltes noires. L'augmentation des dépenses militaires entraînée par la guerre du Vietnam relève de la politique impérialiste générale des Etats-Unis. Il se produit ainsi au début de 1966 une combinaison coûteuse de ce que J.O'Connor considère (11) comme les deux grands axes de la politique étatique moderne, la politique du welfare et la politique du warfare (les deux formant un complexe "militaro-social", si l'on peut dire).

En même temps, dans la politique économique, la politique monétaire apparaît sur le devant de la scène, où elle remplace la politique des finances publiques. Au vu de la hausse des prix intérieurs et du déficit de la balance des paiements, il s'agit de préserver la stabilité du dollar. Les dépenses publiques apparaissant comme un élément de mise en cause du dollar, l'effet de la politique générale capitaliste sur la politique économique s'exprime à ce moment-là par un changement des priorités dans la politique économique elle-même. Il n'y a pas pour autant formation d'un nouveau dosage, sous l'égide d'une politique monétaire. D'une part la rigidité des dépenses budgétaires y fait obstacle ; d'autre part la vraie nature de ce qui est alors appelé "politique monétaire" relève plutôt de la gestion du crédit par le Fed que de décisions politiques intervenant comme sanctions. On a de la sorte une situation intermédiaire, où la gestion étatique de la monnaie tend à être l'objet principal d'une politique économique qui se fractionne en gestions différentes de sous-ensembles. Sous l'effet de la politique générale se produit un desserrement des contraintes financières, qui appelle un resserrement des contraintes monétaires ; cependant les mesures adoptées en 1966 n'ont pas un caractère stratégique par rapport aux pressions s'exerçant sur la valeur relative du dollar.

La liberté d'action, institutionnellement établie, du Fed, s'est manifestée par un changement de la gestion du dollar à un moment donné, sans l'accord ou malgré l'avis du gouvernement ; mais ce changement exprime lui-même un effet de la politique générale capitaliste sur la politique économique, et l'ajustement de divers types de contraintes marchandes. Les rapports entre institutions, qui sont intérieurs à l'appareil d'Etat et à la politique économique, dépendent en même temps de la politique générale capitaliste et des conditions marchandes de celle-ci.

2) Dosage, conflits et perspectives d'ensemble

On prend ici l'exemple de la perspective d'une "économie ouverte" par rapport à celle d'une "économie fermée", tel que N. Kaldor l'examine dans le cas anglais (12). Kaldor expose les objectifs de la politique économique anglaise formulée officiellement en 1944. Selon lui, le problème du plein emploi fut alors traité comme un problème d'action sur la demande intérieure, et non sur la demande extérieure, sur les exportations favorisées par un développement de la "compétitivité" nationale. La perspective dominante de plein emploi fut alors traité comme un problème d'action sur la demande intérieure, et non sur la demande extérieure, sur les exportations favorisées par un développement de la "compétitivité" nationale. La perspective dominante alors, héritée de l'entre-deux guerres, était en effet celle d'une économie fermée ("a closed economy") et non celle d'une économie ouverte sur l'étranger. Pour ne pas dépasser un certain pourcentage de "non emploi", le moyen utilisé a été principalement l'action sur la demande intérieure par la politique des finances publiques, avec un taux de change fixe de la livre sterling. Cette orientation a eu un effet inattendu, celui de la création d'une structure économique impliquant un taux de croissance du potentiel productif de la Grande-Bretagne plus faible que cela n'est possible et souhaitable.

En effet, selon Kaldor, les responsables de la politique économique anglaise n'ont pas vu, entre les deux guerres ni après la seconde guerre mondiale, que le taux de croissance de la demande effective d'un pays industriel exportant une grande partie de sa production et important une grande partie de ce qu'il consomme, est principalement déterminé par l'impulsion de la demande extérieure, des exportations. De façon générale, le niveau de l'investissement domestique dépend de la rapidité de l'accroissement de la demande, rapidité qui implique un taux de croissance élevé des exportations. En ce cas, l'atout décisif est le caractère compétitif des produits nationaux par rapport aux produits étrangers. Si l'on examine les coûts industriels d'un pays par rapport à un autre, il faut tenir compte de la rigidité à la baisse du niveau des salaires nominaux. Dans ces conditions, si la relation entre les taux de salaires et la productivité est donnée (en raison du caractère rigide du salaire), le degré de compétitivité des produits nationaux dépend largement du taux de change. Une baisse de ce dernier a le même effet, par rapport aux produits étrangers, qu'une baisse du niveau des salaires. Pour une modification des coûts comparatifs, la flexibilité du taux de change est un substitut de la flexibilité des salaires.

Dans cette perspective, ou bien une politique des revenus est applicable, et elle bloque les salaires quand la productivité augmente, ce qui revient à une baisse du coût salarial qui perd alors sa rigidité ; ou bien elle n'est pas applicable, et la baisse relative de la monnaie nationale par rapport aux monnaies étrangères sert de substitut et favorise les exportations. Le déplacement de la demande intérieure à la demande extérieure des produits nationaux a un effet qualitatif sur le caractère de la croissance, donc sur son rythme ; car il entraîne un transfert de ressources, de la consommation à l'investissement intérieur. Le taux de change favorable aux exportations est en même temps défavorable aux importations et il affecte la consommation domestique de produits étrangers ; en même temps, pour répondre à l'extension des marchés extérieurs, l'investissement domestique se développe. Ainsi Kaldor oppose-t-il à la gestion de la demande sur la base d'une politique du taux de change qui consiste en un "managed floating rate", un taux de change flottant de façon contrôlée. A la différence des perspectives d'ensemble, économie close ou économie ouverte, correspondent des politiques différentes dont l'une se substitue à l'autre comme politique économique déterminante.

Si l'on précise cette analyse d'un point de vue différent, celui du jeu de la contrainte monétaire, en l'occurrence de la validation de la livre sterling sur les marchés des changes, gérer le flottement du taux de change constitue, on l'a vu (13), une transformation du système de sanction monétaire internationale. Le desserrement de la contrainte monétaire internationale prend la forme des changes flottants. Il vise en l'occurrence à favoriser la concurrence commerciale internationale, au prix d'un transfert de ressources de la consommation à l'investissement domestique, c'est-à-dire d'un resserrement du financement de la consommation intérieure.

Peu après l'analyse de Kaldor exposée plus haut, avec la fin du système monétaire international de Bretton-Woods, des taux de change flottants de façon contrôlée ont effectivement remplacé les taux de change fixes. Dans le cas de la Grande-Bretagne, la baisse de la livre sterling consécutive à sa "mise en flottement" en 1972, a pendant un certain temps fait pression sur les coûts de production anglais relativement aux coûts des concurrents étrangers. Cependant cet effet a été au moins partiellement compensé, en 1974, par une augmentation des salaires nettement supérieure à celle des autres pays - en rapport avec une très forte augmentation des prix intérieurs. En outre, la politique du taux de change n'a pas vraiment remplacé celle des finances publiques, mais s'est plutôt juxtaposée à celle-ci, selon un compromis imposé par l'état des rapports de force politiques. Autrement dit, les ajustements de politique économique, liés à des changements de perspectives, comme la substitution d'une économie "ouverte" à une "économie close", n'ont pas un effet dissociable de la situation d'ensemble où se trouve le pays considéré, et notamment de la situation politique générale marquée par les rapports de classe. Tant qu'en Grande-Bretagne la classe ouvrière a pu obtenir des augmentations de salaires compensant la hausse des prix, et une aide financière importante aux chômeurs, la politique du flottement contrôlé du taux de change n'a pas eu le caractère stratégique que lui assignait l'analyse faite par Kaldor.

3) Forme dominante de politique économique et rapports de classe

Il était nécessaire, mais non suffisant, d'examiner les différences des institutions et des objectifs pour voir comment s'effectue l'ajustement des sous-ensembles de la politique économique. Mais pour analyser de façon plus précise comment la politique générale, prise comme l'expression de rapports de classes, a un effet sur la forme dominante de la politique économique, les points précédents sont à ré-examiner compte tenu de la plus ou moins grande "maniabilité" politique des mesures prises.

Keynes a précisé à sa façon cette idée, en comparant ce qu'il appelle une politique souple des salaires et une politique souple de la monnaie - quoique selon lui aucune de ces politiques ne soit capable d'assurer le plein-emploi, qui nécessite une action étatique sur les investissements -. "Bien qu'une politique souple des salaires et une politique monétaire souple reviennent analytiquement au même, puisqu'elles sont toutes deux des moyens de modifier la quantité de monnaie mesurée en unités de salaires, il n'en est pas moins vrai qu'à d'autres égards elles se distinguent par un monde de différences" (14). Keynes explique notamment que la politique souple de la monnaie a des effets généraux uniformes, alors qu'au contraire pour les salaires il n'est pas possible de réaliser d'un coup une variation uniforme pour toutes les catégories de main-d'œuvre ; cela conduit dans le second cas à des ajustements "graduels et désordonnés, qui de surcroît ne peuvent s'accomplir sans luttes". En outre la politique souple des salaires n'affecte pas ceux qui ont des revenus nominaux fixes garantis par contrat (rentiers, fonctionnaires), de sorte qu'elle est plus injuste qu'une politique souple de la monnaie. Ainsi deux politiques ayant le même effet **économique** diffèrent selon leur effet **politique**, qui rend l'une plus maniable que l'autre.

Une analyse qui va dans le même sens, mais explicite autrement les rapports de classes, a été faite récemment par L. Berti, examinant la politique de la Banque d'Italie entre 1969 et 1974 (15). Selon L. Berti, la politique monétaire est devenue pendant cette période "l'instrument privilégié de la politique économique" adoptée par le capital italien.

Tout d'abord, à l'instabilité et à la précarité du gouvernement italien de centre-gauche, incapable d'affronter la crise sociale et économique, s'oppose la stabilité des interventions de la Banque centrale ; celle-ci a émergé peu à peu comme un pôle permanent de politique économique, en mesure d'incarner les intérêts majeurs du capital italien. Analyser l'institution monétaire comme instrument de classe, c'est alors aussi montrer son rôle centralisateur de l'initiative capitaliste dans la lutte de classes. Non seulement la Banque centrale peut, de ce point de vue, remplacer le gouvernement, mais elle seule peut le faire. La politique des finances publiques est trop rigide pour être utilisable ; d'autre part elle renvoie au manque d'efficacité du secteur public, au "mal-governo", qui atteint aussi les entreprises publiques. Par contre la politique monétaire, dont L. Berti décrit le fonctionnement dans une perspective keynésienne, semble être particulièrement apte à intervenir rapidement et fortement, en tout cas quand il s'agit de restreindre le crédit.

Quand la stratégie capitaliste a consisté à organiser une politique de récession pour faire échec à la combativité ouvrière, selon l'analyse de L. Berti, la politique monétaire, en raison de ses divers caractères, souplesse, puissance, rapidité, et de sa capacité d'unification des intérêts de classe capitalistes, est passée au premier rang, à partir de 1970. Elle a servi comme substitut d'une politique des revenus incapable de subordonner l'augmentation des salaires à celle des profits et de la productivité. De par la doctrine de son gouverneur, la Banque d'Italie était prête à jouer un rôle décisif dans une politique capitaliste des salaires. En effet le premier point de la conception qu'avait le gouverneur Carli du développement économique italien, est l'effet d'entraînement de la demande extérieure ; ce qui compte, ce sont les marchés et les prix internationaux, par rapport auxquels la "compétitivité" italienne est jugée. L'action directe sur les salaires pour comprimer les coûts relatifs peut être remplacée par une action sur le taux de change, qui affecte indirectement le niveau des salaires.

Ce premier point, proche de la conception de Kaldor exposée plus haut, en amène un second : il est nécessaire que la distribution des revenus reste stable, sans changement en faveur des salariés. Une augmentation relative des salaires entrainerait un déséquilibre nuisible à l'investissement : une diminution de l'épargne pouvant être investie, une réduction de la marge de profit et donc de l'autofinancement, freinerait l'incitation à investir. Empêcher une augmentation des salaires, tel est l'axe principal d'une politique monétaire qui règle l'approvisionnement en liquidités en fonction d'une part de la priorité du marché international, d'autre part de la priorité des profits et de l'autofinancement des entreprises. La gestion de la monnaie nationale a ainsi directement un caractère de classe. L. Berti ne prend pas en considération les contraintes de la reproduction de l'équivalent général, ni leur relation avec une politique de classe.

Les phases successives de la politique monétaire italienne entre 1970 et 1975, inflation/dévaluation puis contraction du crédit/récession, sont analysés par L. Berti selon leur effet sur les rapports de classe. Au cours de la première phase, l'inflation permet de faire pression sur les salaires nominaux ; elle agit non pas là où les ouvriers sont forts, sur le terrain de l 'entreprise, mais là où ils se trouvent désarmés, au plan de la distribution. La hausse des prix des biens de consommation a un effet de redistribution en faveur des profits, et au détriment des salaires. De même une dévaluation de la monnaie italienne affecte le prix des importations, et donc la consommation des salariés.

La politique monétaire s'est ensuite modifiée, au début de 1974, dans un sens déflationniste. Selon L. Berti, l'augmentation considérable des prix du pétrole en 1973, a été l'occasion de dramatiser le problème du déficit de la balance des paiements, de lancer une campagne d'austérité et une attaque de front contre les salariés. La récession a été présentée comme un événement inévitable, imposé de l'extérieur, alors qu'en réalité elle a été un procès par lequel le capital italien, comme le capital international, a cherché à retrouver sa capacité de commandement de la force de travail. Car le capital avait besoin de regagner le terrain perdu depuis les luttes de 1968, et notamment de briser ce que les experts appellent la "rigidité" ou le manque de mobilité du travail, qui est, selon L. Berti, l'expression d'un certain contrôle ouvrier de la force de travail qui échappe ainsi en partie au contrôle capitaliste. Dans un tel contexte, une politique monétaire à la fois restrictive et fortement sélective, est un moyen d'enclencher une récession comme forme d'attaque directe du capital contre les travailleurs. L. Berti note toutefois que la récession est une arme à double tranchant pour le capital, car elle fait pression sur les salariés au prix d'une mise en sommeil ou d'une destruction de la capacité de production capitaliste !

Quoi qu'il en soit, l'analyse de la politique monétaire italienne comme forme de la politique économique entre 1969 et 1974, montre bien l'effet d'une stratégie de classe sur des orientations en apparence purement techniques. Les propriétés techniques de la politique monétaire, stabilité de l'institution agissante, souplesse, rapidité, force de la capacité d'intervention, adaptation au terrain de la distribution des revenus ou à celui de l'affrontement direct sur les lieux de la production (par le caractère sélectif du crédit) : ces propriétés (que n'a pas le secteur public italien particulièrement délabré), donnent une grande maniabilité politique à la gestion de la monnaie qui peut ainsi devenir le cœur de la politique économique bourgeoise dans des conjonctures déterminées. Les choses sont précisées notamment par rapport à l'analyse faite par Kaldor : la substitution d'une politique de gestion des taux de change à une politique des finances publiques, pour obtenir une structure économique plus favorable à la croissance capitaliste, ne peut se faire que si la forme dominante de la politique économique est adaptée aux besoins de la politique générale, principalement orientée par les rapports de classe et leur expression dans une partie de l'appareil d'Etat.

Ceci étant acquis, l'inconvénient de l'analyse de L. Berti réside dans son exagération de la capacité d'intervention de la Banque centrale sur les flux de crédit, et de là sur l'ensemble de la conjoncture. Il y a une confusion entre le caractère instrumental de la politique monétaire (exposé dans une optique keynésienne), et sa plus ou moins grande maniabilité politique dans un contexte déterminé. Du coup, l'inflation a chez L. Berti un caractère exagérément fonctionnel, à la fois dans ses objectifs (rogner les salaires nominaux) et dans sa mise en œuvre (à partir d'une offre abondante de monnaie par la Banque centrale). Or l'inflation est une forme de la crise capitaliste (16) en même temps qu'une tentative pour faire payer cette crise par les travailleurs. Et si le desserrement des contraintes marchandes et monétaires permet de reporter les échéances et d'étaler la crise dans le temps et l'espace, il ne permet nullement d'éliminer ces contraintes.

Sur ce dernier point, il existe une série d'indications. Ainsi, des conditions monétaires ont été mises à certains prêts de l'étranger à l'Italie (quand, en septembre 1974, l'Allemagne de l'ouest a fait gager son prêt à six mois sur les réserves d'or italiennes), ou par le Trésor italien aux achats à l'étranger (les importateurs ont dû, en 1974, déposer six mois à l'avance, à la Banque d'Italie, la moitié du montant de l'achat projeté, en dépôts bloqués non rémunérés) : cela constitue une sorte de retour du crédit vers la monnaie. D'autre part, la nécessité, notamment pour soutenir la lire, d'empêcher la fuite des capitaux italiens à l'étranger, a conduit au maintien de taux d'intérêt à un niveau considéré comme trop élevé par les industriels emprunteurs de fonds. Enfin, l'effondrement de l'empire bancaire et immobilier de Sindona, a montré la vulnérabilité d'une grande partie du système bancaire italien (17). Le problème de la reproduction de la monnaie comme équivalent général n'a pu être complétement mis entre parenthèses lors de l'utilisation capitaliste de la politique monétaire en Italie. Il apparaît en somme que la Banque centrale s'est trouvée chargée de gérer la crise capitaliste, et que le desserrement ou le resserrement des contraintes monétaires ont eu un caractère sélectif, au profit des intérêts généraux du capital, compte tenu de la nécessité de maintenir une certaine solidité de la monnaie nationale.

La maniabilité politique de telle ou telle forme de politique économique comporte donc plusieurs conditions entre lesquelles s'effectuent des compromis. Elle implique aussi le maintien de la capacité d'intervention économique de l'Etat dans une situation donnée, ce qui débouche sur un nouvel aspect du même problème.

III - Public, privé : faux débats, vrais enjeux

1) Les changements de modalités

La politique économique effectue une sorte de va-et-vient entre un desserrement des contraintes marchandes ("pseudo-validation" de la monnaie d'Etat à cours forcé, ou de la force de travail "démonétisée"), et un maintien de ces contraintes sous une forme médiatisée par l'intervention étatique (systèmes de ratios, de pourcentages, de limites financières et monétaires dont le dépassement est sanctionné). Cela fonctionne quel que soit le champ d'application (financier, monétaire, réglementaire...). Cependant la mise en œuvre d'un type de mesures plutôt que d'un autre exprime un effet de la politique générale sur la politique économique. Elle reflète du même coup la capacité d'intervention de l'Etat dans une conjoncture donnée, et le maintien de cette capacité. Ce maintien ne signifie pas pour autant une reproduction à l'identique des divers secteurs et de leurs relations. Au contraire, les gestions étatiques sont sans cesse traversées par des réformes qui modifient l'importance respective des moyens et des modalités d'intervention.

On prendra plus loin l'exemple de l'évolution des modalités du financement en France, au cours des années 1960, où s'est effectué un démantèlement du circuit du Trésor public ; au cours de la même période, en 1965 et 1966, une réforme du système bancaire est intervenue, dans le but d'adapter ce système aux nouveaux besoins financiers de l'industrie, et de mieux contrôler les mouvements de capitaux, l'économie française "s'ouvrant sur l'extérieur". Les mesures prises relèvent de ce que R.M. Gelpi (18), appliquant les distinctions faites par Tinbergen, appelle la politique qualitative, qui modifie des structures à l'intérieur d'un cadre socio-économique donné, à la différence de la politique quantitative, qui change les valeurs des instruments de la politique économique. Cette distinction, de même que celle d'une politique conjoncturelle ou d'une politique structurelle, est ici sans objet, le problème posé étant celui du maintien de la capacité d'action économique de l'Etat, quels que soient les changements des conditions ou des formes de la gestion étatique.

Ce problème est souvent posé comme celui de l'importance relative du secteur privé et du secteur public. Une vue trop simple des choses consiste à identifier capacité d'intervention de l'Etat et extension du secteur public. Dans son analyse de la *New Economics*, J. Singer indique que l'on ne peut pas identifier une politique économique interventionniste avec une augmentation des dépenses publiques, la politique de Kennedy ayant consisté d'abord en la mise en œuvre de dégrèvements fiscaux (19). Le volume du secteur public industriel ou financier n'est d'ailleurs pas un bon indice du dynamisme de la politique économique ; on peut avoir un vaste secteur public inerte et peu maniable, ou divisé en féodalités plus ou moins liées au secteur privé. De ce point de vue, les analyses qui prennent la "privatisation" du secteur public industriel ou financier comme l'expression *directe* d'un accroissement de la domination des intérêts privés risquent d'ouvrir un faux débat.

Cependant, à ce faux débat correspond tout de même un vrai problème, né d'un enjeu réel, celui du *maintien de la capacité d'intervention économique de l'Etat*. Si les formes de l'intervention étatique se modifient encore faut-il que l'une ou l'autre garde la possibilité d'exercer quelque effet. En ce sens, les discussions sur la "déplanification" en France, ou la "privatisation" du financement et de la monnaie, sont *l'indice* d'un véritable problème. En France, il s'est d'abord agi de la régression du secteur public relativement au secteur privé industriel et financier, envisagé surtout à l'intérieur de limites nationales ; la question a pris un tour nouveau avec le développement des entreprises multinationales, autre mise en question du rôle de l'Etat. Pris en tenaille entre la régression du secteur public par rapport au privé, et l'expansion du pouvoir des sociétés multinationales, on irait vers un dépérissement du rôle économique de l'Etat. Avec l'Etat national keynésien, disparaitrait la politique économique, quarante ans à peine après son émergence.

Mais contrairement à un certain nombre d'illusions qui se développent au vu de la gigantesque puissance des grandes entreprises multinationales modernes, celles-ci ne sont pas en mesure de devenir des institutions économico-politiques remplaçant les Etats dans la gestion de la main-d'œuvre et de la monnaie. A l'inverse, même investis par les intérêts privés, gérés en référence à des critères de rendement, dépourvus de frontières sûres, les Etats ne peuvent se "privatiser" au point de devenir des sous-entreprises de services plus ou moins collectifs. Toute stratégie bourgeoise a pour infrastructure un Etat différent des entreprises capitalistes. "Privatisation" du secteur public, "internationalisation du capital", mettent sans doute en cause le type d'intervention étatique formulée comme politique économique de caractère keynésien (encore que celle-ci puisse subsister comme une sorte de strate intermédiaire). Mais certains noyaux durs ne peuvent disparaître, à moins d'un dépérissement du capitalisme en même temps que de l'Etat. On a vu le cas de la gestion de la force de travail et celui de la gestion de la monnaie. Limitée à ces deux points clés, la politique économique changerait de forme, mais elle ne disparaitrait pas. C'est dans cette perspective que le rapport secteur public/secteur privé a un sens : il exprime un enjeu, celui du *maintien d'une certaine capacité étatique de gestion économique destinée à répondre à des besoins du capital que le capital ne peut pas lui-même directement satisfaire.*

2) Le cas du financement public en France

Un exemple de la façon dont la politique économique peut se rabattre sur un de ses points-clés, sans pour autant disparaître, est emprunté à une analyse de certaines modalités du financement en France au cours des années 1960 (20). Pendant cette période se sont produits un démantèlement du circuit financier du Trésor public et un amoindrissement relatif des flux monétaires transitant par le secteur Etat. C'est l'indice d'une certaine forme de "désengagement" étatique, la "dépolitisation" des problèmes financiers, et non une expression de la fin de toute intervention étatique.

Parmi les transformations politiques qui se sont opérées en France après l'avènement de la Ve République, il faut noter le développement d'une "politique industrielle" d'un caractère nouveau, en rapport avec l'affrontement de la concurrence internationale. Une indication des effets de "l'impératif industriel" est donnée par le changement du taux d'accumulation du capital

6

non financier. "Tel qu'il est approximativement reflété par le pourcentage de "formation brute de capital fixe" (FBCF) dans le Produit national brut, ce taux qui, de 1949 à 1959, s'est maintenu aux environs de 19 %, a commencé à croître à partir de 1959, pour atteindre environ 26 % de 1969 à 1972... Cet accroissement est imputable, statistiquement parlant, aux investissements productifs privés, l'augmentation des investissements collectifs et de la construction de logements étant presque compensée par la diminution relative de la FBCF des entreprises publiques" (21). Avant de considérer les effets sur le secteur financier public de cette nouvelle stratégie, on peut noter que le secteur industriel public voit diminuer son importance relative, ce qui a pour effet "une privatisation" de l'ensemble de l'économie. Cela importe peu dans la mesure où très vite les entreprises nationalisées en 1945 ont été mises au service de l'expansion capitaliste ; cela importe tout de même dans la mesure où les formes d'intervention de l'Etat ne se modifient pas de façon autonome mais s'effectuent dans des contextes déterminés, notamment, par les rapports de classe. L'augmentation du taux d'accumulation du capital implique une augmentation de la plus-value canalisée dans les circuits privés, et un renforcement du pouvoir économique direct de la bourgeoisie. Ce dernier s'est accompagné d'un changement de certaines formes politiques, notamment de la mise en sommeil du parlementarisme, et de ce que E. Friedberg appelle la "double crise de définition et de légitimation de l'appareil administratif" par rapport "aux pressions du monde industriel" (22).

En ce qui concerne le financement des investissements, parallèlement à la réforme des banques mentionnée plus haut, s'est développée "une politique de dépolitisation" du crédit. Les problèmes économiques considérés comme stratégiques sont ceux· de l'industrialisation axée sur le rôle dominant de grandes entreprises de niveau international, auxquelles l'Etat confie des missions de "restructuration" et apporte un soutien sélectif et ponctuel. Ce type d'action étatique peut être explicité comme stratégie de politique industrielle, il peut difficilement être l'objet d'une "légitimation" politique globale et d'une réglementation administrative générale. La "politisation" des problèmes économiques comme problèmes d'industrialisation effectuée par les grandes entreprises privées,se combine avec une "dépolitisation   " d'ensemble, qui affecte notamment les divers circuits financiers.

"La gestion du crédit s'est effectuée selon de nouvelles normes publiques, qui privilégiaient explicitement la gestion privée. C'était officiellement la fin de que certains ont appelé "l'Etat banquier" et "l'Etat industriel" " (23). Il semble que l'on puisse alors distinguer deux procès de financement, l'un qui se trouve dominé par un circuit public dont l'existence est justifiée politiquement (c'est-à-dire au nom d'un intérêt général différent des intérêts privés), l'autre qui se constitue autour d'une sorte de nébuleuse procédant de l'appareil d'Etat, mais dont les manifestations sont soustraites le plus possible au débat politique dans les institutions parlementaires, voire à toute forme de contrôle public réglementaire.

"Le premier (24) de ces systèmes gravitait autour du Trésor qui prenait en charge les investissements publics faisant l'objet d'une discussion budgétaire ; le Trésor assurait la plus grande part de la transformation des liquidités (encore plus de 50 % en 1959/1962) et avait comme soupape le re-financement par la Banque de France. Il s'agissait alors d'une prise en charge par le secteur financier public de tâches que le capital financier n'était pas à même d'accomplir ".

"Par contre le système de financement dominé par le capital financier (25), système qui se met en place surtout depuis le début des années 1960, se caractèrise par un démantèlement du circuit du Trésor : baisse de la part de crédits à long terme distribués et financés par le Trésor..., baisse des liquidités collectées... et transformées par le Trésor.

C'est sur ces phénomènes que l'on s'appuie pour parler de désengagement du secteur public. Pourtant si l'on considère l'ensemble Trésor public-organismes spécialisés soumis aux pouvoirs publics, l'on voit... que l'on ne peut pas vraiment parler d'un désengagement étatique. Il faut alors s'interroger sur la nature du changement des formes de financement étatique, changement dont un autre indice très important est donné par la diminution du refinancement opéré par la Banque de France... - à l'exception des années 1968 et 1969.

... Si l'on considère l'ensemble du secteur financier public, Trésor-Banque de France - organismes spécialisés, l'on constate que ce sont les éléments les plus impliqués politiquement, c'est-à-dire les deux premiers, personnifications financière et monétaire de l'Etat, qui ont perdu de leur importance relative par rapport aux organismes spécialisés qui agissent en permanence hors de tout débat public". Ces organismes spécialisés, dont le plus important est la Caisse des dépôts et consignations, agissent aux frontières du public et du privé, en particulier par la formation d'organismes mixtes de plusieurs sortes, ce qui entraîne incontestablement une dilution de leur rôle public. En même temps, à la suite des réformes de 1966, le rôle des banques dans le financement s'est accru ; il s'agit aussi des banques nationalisées, mais celles-ci, en raison de leurs objectifs et de leur mode de gestion, ne font pas partie du secteur financier public (26).

La "dépolitisation" des problèmes financiers, le démantèlement du circuit du Trésor public, au cours des années 1960, ont été provisoirement interrompus par les effets financiers de la crise politique de 1968. Pour être provisoire, cette interruption n'a pas été accidentelle. Elle a montré l'effet sur les formes du financement des luttes politiques et sociales : "dans le secteur financier public, le rapport entre les éléments les plus impliqués politiquement et les autres, varie suivant un ensemble de conditions comprenant la lutte de classe" (27). Le circuit du Trésor est plus ou moins mis entre parenthèses, plutôt que supprimé de façon irréversible. D'autre part, en 1968/69, le recours massif au re-financement par la Banque centrale, soutenant le Trésor, a finalement trouvé "une sanction monétaire" sous la forme d'une décision politique de dévaluer le franc (août 1969) (28). On atteint ici le point extrême où, de la politique financière, la politique économique se rabat sur la politique monétaire. Une "privatisation" totale du financement n'a pas de sens tant qu'il existe une gestion étatique de la monnaie par la Banque centrale. A l'intérieur du secteur financier et monétaire, il y a "déplacement de la frontière" entre ce qui est "public et ce qui ne l'est pas" (29), mais non suppression de cette frontière.

On ne peut encore savoir comment la gestion capitaliste de la crise économique de 1974-75 agira sur le secteur financier public et sur le rôle relatif de celui-ci par rapport au financement privé. Il est possible que, pendant une brève période, la tendance à la diminution du poids relatif du secteur financier public soit freinée, sans être pour autant supprimée. Si les avatars de "la politique industrielle" entraînent un "redéploiement" du capital, celui-ci ne peut s'effectuer sans des affrontements de classe qui rendent nécessaire une gestion publique du chômage, sinon de l'emploi. Le financement public serait alors une arme de politique économique utilisée par la politique bourgeoise, dans un nouveau contexte par rapport à celui de la politique keynésienne. Si une certaine forme de politique économique s'estompe, une autre la remplace, plus ou moins directement dominée par l'effet des rapports de classe sur l'action de l'Etat. Celle-ci se modifie, se déplace, mais ne disparaît pas, le capital ne pouvant s'en passer.

NOTES

(1) Cf. Jacob Morris, article traduit dans *Problèmes économiques*, n° 1361, p. 26.
(2) Ou du moins "non inflationniste". L'inflation désignée ici est celle du langage économique usuel.
(3) Cf. S. de Brunhoff, *Capitalisme financier public*, SEDES, 1965.
(4) Cf. plus loin, point III.
(5) *La new economics et l'expansion américaine*, Armand Colin, 1972.
(6) *Opus cit.*, p. 25-26.
(7) *Ib.*, p. 26.
(8) Le Federal Reserve System ; dirigé par le Federal Reserve Board.
(9) *Ib.* p. 203.
(10) Cf. chapitre I.
(11) Cf. *The fiscal crisis of the State*, St Martin's Press, New-York, 1973.
(12) Cf. *Conflicts in policy objectives*, Essays par N. Kaldor (editor) and others, Oxford, 1971
(13) Cf. chapitre 2, p.
(14) *Théorie générale de l'emploi, de l'intérêt et de la monnaie*, trad. franç., Payot, Paris, p. 282 et suivantes.
(15) Revue *Primo Maggio*, Milan, printemps 1975, p. 3-17.
(16) Cf. "Une analyse marxiste de l'inflation".
(17) Celui-ci a peut-être moins servi comme expression des intérêts généraux du capital que comme source d'influence du parti démocrate chrétien, selon un article de A. Robinson, "Italian banks face their critics", mai 1975 (reproduction partielle dans *Problèmes économiques*, n° 1431, p. 30-32).
(18) "La politique monétaire française et ses effets sur les prix et le chômage de 1965 à 1974, CEPREMAP, mai 1975.

(19) *Opus cit.*, p. 158, 187, 188.
(20) Cf. S. de Brunhoff et J. Cartelier, "Financement et politique bourgeoise", *Planification et Société*, Colloque, PUG, 1974, p. 476-491. Cf. annexe n° 2.
(21) *Ib.*, p. 482.
(22) Dans "l'internationalisation de l'économie et modalités d'intervention de l'Etat", *Planification et société, opus cit.*, p. 107.
(23) *Financement et politique bourgeoise, opus cit.*, p. 482.
(24) *Ib.*, p. 487-491.
(25) Cette notion désigne ici une forme particulière de capital, conformément aux distinctions faites par Marx entre "Capital industriel" et "capital financier".
(26) Cf. *Capitalisme financier public*, p. 184-186.
(27) *Financement et politique bourgeoise*, p. 491.
(28) *Id.*
(29) *Economie financière*, par H. Brochier, P. Llau, Ch.A. Michalet, PUF, 1975, p. 601.

CHAPITRE V

LE CHAMP D'ACTION
DE L'ÉTAT CAPITALISTE

Une certaine gestion étatique de la force de travail et de la monnaie a toujours été une nécessité pour le capital. Cependant la politique économique contemporaine a pris forme comme aménagement global de la domination de classe capitaliste, à un moment de crise économique et sociale (dans les années 1930). Mise en cause quarante ans après sa naissance, sous l'effet d'une crise qu'elle n'a pas su prévenir, elle est, selon certains, excessivement affaiblie par la "privatisation" de l'Etat et par "l'internationalisation" du capital, de sorte que se pose le problème de son réajustement et de sa modification (par exemple, dans le cas des Etats-Unis, comme "planification économique nationale" (1)). Même si la politique économique née dans les années 1930 meurt sous sa forme keynésienne, elle ne peut que renaître sous de nouvelles formes, déterminées par les luttes sociales pour assurer la permanence de la domination du capital.

Le changement dans la continuité de l'intervention économique étatique témoigne de la capacité d'adaptation de l'Etat bourgeois aux besoins du capital. On l'a vu (2), en examinant le rapport entre formes de la politique économique et politique générale, et les variations des rapports entre secteur public et secteur privé. Il en va de même si l'on considère la façon dont l'Etat constitue son champ d'action. Unité, souveraineté, hiérarchie, recouvrent des éléments très divers ; certains sont hérités d'un passé institutionnel antérieur au capitalisme ; des tendances centrifuges se manifestent constamment ; les alliances de la bourgeoisie avec les "classes-appuis" ne sont jamais acquises une fois pour toutes. Quant aux conditions politiques fondamentales de l'hégémonie capitaliste que sont l'unité de classe de la bourgeoisie et la division du prolétariat, elles ne sont pas des données : elles sont construites et plus ou moins maintenues par une action incessante, suscitant sans cesse de nouvelles dispositions. C'est précisément là que joue ce que les marxistes appellent "l'autonomie relative" de l'Etat capitaliste. La capacité d'adaptation politique de cet Etat est inséparable de sa capacité d'action économique. C'est avec des matériaux disparates et dans des contextes divers qu'est produit et reproduit le champ de validation sociale nécessaire à l'hégémonie bourgeoise.

I - Formation d'un domaine public

L'Etat bourgeois doit apparaître comme une institution publique (différente du privé), pouvant énoncer des règles générales (applicables à tous), et prenant des décisions de caractère exécutoire. En cela il fonctionne non seulement "à la violence" et "à l'idéologie", selon l'expression d'Althusser, mais aussi "à la distance". "L'abstraction de l'Etat en tant que tel ressortit seulement à l'époque moderne, parce que l'abstraction de la vie privée ressortit seulement à l'époque moderne. L'abstraction de l'Etat politique est un produit moderne" (3).

En même temps, une partie au moins de l'appareil d'Etat doit être directement en prise sur des flux monétaires et financiers. C'est le cas de la Banque centrale ou du Trésor public. Ceux-ci représentent-ils une sorte de sous-appareil d'Etat, soumis au capital mais différent de "l'appareil "oppresseur" par excellence", c'est-à-dire de "l'armée permanente, la police, les fonctionnaires" ? Lénine établit une distinction (4) à propos notamment des grandes banques et de certains services publics comme les postes, considérés comme instruments "d'enregistrement et de contrôle" pouvant être utilisés par le prolétariat après la prise du pouvoir. Cette distinction se comprend : non seulement parce qu'elle ne limite pas le domaine de l'Etat à un appareil de répression, mais aussi parce qu'elle tient compte de l'existence d'organismes qui servent au capital sans être contemporains du capitalisme, certains étant hérités du passé, d'autres semblant préfigurer l'avenir (ce que Marx dit du système du crédit). Si la bourgeoisie a pu hériter le Trésor de l'ancien régime, tout en le modifiant, pourquoi dans le cas d'un nouveau changement de société, le prolétariat, prenant le pouvoir, n'hériterait-il pas le Trésor bourgeois, tout en transformant de nouveau celui-ci ? L'institution étatique serait re-modelée en fonction de son nouveau rôle social. Cette perspective n'est erronée que si le pouvoir prolétarien se distingue radicalement de tous les pouvoirs de classe antérieurs, et doit donc briser toute la machine de l'Etat bourgeois - ce que dit Lénine par ailleurs. Au contraire, la bourgeoisie, classe exploiteuse, utilise ce qu'elle hérite de l'ancien régime, en opérant les ajustements nécessaires.

1) L'adaptation de l'Etat au présent capitaliste

Au centre des modifications du domaine économique de l'Etat se trouve la constitution d'un appareil financier et monétaire, où la part de l'Etat apparaît comptabilisée comme relevant du domaine public : enveloppe du budget, part de la monnaie centrale. De nombreuses études existent qui ont montré la formation du Trésor et celle de la Banque centrale, en rapport avec la constitution des finances publiques et l'émission centralisée de monnaie. Leurs périodisations ne coincident pas avec l'avènement du capitalisme industriel (par exemple, la Banque d'Angleterre est apparue avant et la Banque centrale des Etats-Unis après l'essor du capitalisme industriel) ni même avec celle du capitalisme marchand (c'est le cas du Trésor français). Mais l'usage d'institutions déjà en place se modifie en rapport avec le développement de l'accumulation capitaliste, qui imprime sa marque sur les formes de la gestion de l'Etat lui-même.

Ainsi le domaine public qui, dans l'ancien droit féodal, était celui de la couronne, propriété inaliénable du roi qui en tirait une partie de ses revenus, est devenu en France, après la révolution bourgeoise de 1789 (dans le code domanial de 1790), "propriété de la nation". Quant aux "droits incorporels", notamment fiscaux, ils furent alors traités séparément des questions domaniales, et à l'intérieur de la notion de "finances publiques". En Grande-Bretagne, les impôts avaient cessé d'être affermés à des particuliers depuis la Révolution de 1688. En ce qui concerne le personnel de l'Etat, au cours du XIXe siècle, la conception "patrimoniale" de la fonction publique qui avait cours à l'époque féodale a pris fin dans la plupart des cas, l'absence de statut général, en France, jusqu'à la seconde guerre mondiale, étant compensée par une sorte de "statut jurisprudentiel" et divers régimes et règles de gestion.

En prenant le cas des réformes de la fiscalité, lors de la Révolution française, on voit bien l'adaptation de certaines de ses modalités aux changements sociaux et politiques. R. Shnerb a montré (5) comment les bourgeois de la Révolution voulaient éviter de donner à l'impôt un caractère personnel, - en réaction contre l'effet oppressif d'un impôt féodal comme la taille, "arbitraire dans sa répartition, solidaire dans sa perception, personnelle, et non réelle" (6). "On voulut donc désormais", écrit Schnerb, "que l'impôt n'existât qu'en fonction des objets faciles à connaitre, qu'il fût absolument indépendant de la position sociale et de la situation de famille du redevable : ainsi un champ paierait le même impôt d'après le revenu qu'il procurait, qu'il fût hypothéqué ou libre de charges, que son propriétaire fût riche ou pauvre, qu'il eût ou non des enfants. L'impôt réel devint synonyme de pays libre. C'était vraiment la chose, et non l'homme, qui acquitterait la redevance". La fiscalité bourgeoise doit être monétaire ; elle doit porter sur des citoyens, non des individus ; elle doit donc porter sur "les choses", c'est-à-dire les biens, terres ou immeubles, en tant que ceux-ci rapportent des revenus nominaux. Et ses recettes sont inscrites dans un "budget public", relevant de l'Etat comme tel, et différent de l'économie privée.

Certes, pas plus que la fiscalité, le budget n'est contemporain du capitalisme. M. Finley fait remarquer (7) qu'il n'y avait sans doute pas dans l'économie antique de budget "au sens moderne du terme", mais dit-il, "les hommes d'Etat grecs et romains avaient de bonnes connaissances empiriques des revenus et dépenses annuels, et ils étaient à même de soustraire les uns des autres", donc d'apprécier un éventuel déficit : en ce sens ils connaissaient les évaluations budgétaires étatiques. Ce n'est donc pas le rapport comptable entre une somme de dépenses et une somme de recettes qui constitue la nouveauté de l'Etat bourgeois ; c'est la façon dont ressources et dépenses, en prenant un caractère public, sont déterminées par rapport à une économie privée, où circulation marchande et accumulation de capital sont liées.

Quand les Etats grecs et romains (si le terme d'Etat convient bien ici) ne pouvaient par exemple essaimer leurs pauvres dans les colonies, pour les nourrir ils prélevaient des ressources supplémentaires comme butin ou tribut colonial (8). On peut sans doute utiliser l'analogie, et dire qu'en faisant financer son expansion coloniale par l'Inde, elle-même sur-exploitée, l'Angleterre capitaliste du XIXe siècle agissait comme l'empire romain avec l'impôt foncier. Mais les choses se présentent différemment ; dans les comptes nationaux anglais, on ne voit rien d'autre que ceci : un solde net positif des "revenus de services administratifs rendus aux gouvernements coloniaux", ainsi que des "épargnes ou pensions des armées des Indes". C'est que le butin ou le tribut ont été insérés par le capitalisme dans la circulation marchande internationale et, de ce fait, transformés en postes de la balance des paiements et du budget public anglais. L'extension de la forme marchande et de la forme argent est favorable à la détermination de droits qui n'apparaissent pas comme des privilèges concrets, mais comme des expressions générale de la forme publique du pouvoir politique.

Outre la circulation marchande, il faut considérer les effets de la production capitaliste sur la différence entre budget public et économie privée. Quand la fiscalité prend sa forme bourgeoise, elle se présente comme stable et régulière, ce qui suppose la reproduction économique des matières imposables. Initialement elle veut aussi avoir la plus grande neutralité économique possible, c'est-à-dire être répartie de façon équitable pour que les prix relatifs ne changent pas avec la distribution des revenus entre les classes. C'est un des soucis de Ricardo dans les "Principes de l'économie politique et de l'impôt" : chercher l'assiette la meilleure possible de l'impôt pour éviter des perturbations de l'accumulation capitaliste. La perspective d'ensemble est assez pessimiste. "Il est peu de taxes qui n'aient une tendance à diminuer la puissance d'accumulation inhérente aux capitaux" (9). Ainsi l'impôt sur "les produits naturels", impôt indirect, fait monter les salaires (qui doivent être adaptés au renchérissement du prix du blé), donc fait baisser les profits, ce qui introduit une inégalité entre les revenus des exploitants et ceux des propriétaires fonciers et des rentiers. Passant en revue toutes les modalités possibles d'imposition, en rapport avec leurs effets économiques indirects (non "voulus"), Ricardo pense que le meilleur impôt est le plus léger, car "sous quelque forme qu'il soit assis, (il) n'offre le choix qu'entre plusieurs maux. S'il ne porte pas sur les profits, il frappe la dépense ; et pourvu que le poids en soit également réparti, et qu'il ne s'oppose point à la reproduction, il importe peu qu'il soit assis sur les profits ou la dépense" (10). Le problème initial de la fiscalité bourgeoise a bien été, avec la neutralité quant aux prix relatifs, de ne pas freiner la reproduction, en l'occurrence l'accumulation capitaliste.

L'inévitable consommation "par l'Etat" d'une partie du produit national est ainsi liée à une gestion de l'Etat selon des mesures qui doivent avant tout préserver la production capitaliste privée. Pourquoi la domination de classe revêt-elle la forme d'une domination étatique publique ? demande Pašukanis (11). C'est notamment lié au caractère du rapport d'exploitation capitaliste, qui suppose le "travailleur libre", c'est-à-dire la force de travail comme marchandise particulière (12). Mais c'est également lié au caractère élargi de la reproduction capitaliste, qui implique une séparation entre ce qui est présenté comme un domaine privé, celui de l'économie, et un domaine public, celui du pouvoir politique : alors l'accumulation prend une importance primordiale par rapport à ce qui devient, dans le capitalisme, des "faux-frais" de l'organisation sociale. De ce point de vue le dirigisme le plus poussé qui puisse exister en économie capitaliste n'est jamais pur de l'idéologie "libérale".

L'adaptation au présent capitaliste s'effectue ainsi nécessairement par la délimitation d'un domaine public. Mais les limites entre "public" et "privé" se déplacent (13), sous l'effet de compromis divers qui impriment des marques sur les institutions. Un cadre étant donné, par exemple celui des finances publiques, qui est le seul approprié à une gestion bourgeoise de l'Etat, ce cadre se déforme, s'infléchit, reste le même mais devient autre.

2) Evolution et déformations

La domination de la bourgeoisie va de pair avec la constitution d'un domaine public différent du privé : c'est une nécessité pour le capital lui-même. La gestion économique étatique doit en outre se présenter comme étant "au-dessus des classes" pour assurer pratiquement l'hégémonie de la classe bourgeoise. Elle est donc circonscrite par des frontières publiques. Les structures étatiques déjà en place sont récupérées et adaptées aux besoins capitalistes. Comme ceux-ci se modifient, notamment de par les changements des rapports entre classes, la gestion économique étatique change aussi, qu'il s'agisse de la modification de certaines règles, ou de la formation de nouveaux organismes plus ou moins aux marges du domaine public déjà institutionnellement balisé. On en indique ici quelques aspects.

Des règles de contrôle du budget étatique se sont instaurées de façon que le contrôle de la bourgeoisie fût assurée par le parlement : "droit de contrôle des dépenses de chaque ministère en 1817, (le) droit de regard sur les dépenses à l'intérieur de chaque ministère en 1827, (l')approbation de l'exécution en 1835" (14). Ce cadre rigide a été assoupli, détendu, privé d'une partie de sa signification par la régression du parlementarisme et l'énorme progression des dépenses publiques ; mais il n'a pas été brisé. De nouvelles formes de gestion se sont superposées aux anciennes, plus ou moins combinées avec celles-ci. J. O'Connor montre bien cela dans le cas du budget américain (15) : les mesures prises depuis 1920 pour déplacer le contrôle financier, du Congrès vers l'exécutif, se sont ajoutées aux anciennes procédures, qui se sont trouvées modifiées mais non éliminées. Ainsi les formes de gestion étatique sont-elles travaillées par d'incessantes mesures d'adaptation et de compromis. Ici, au lieu de la rigidité imputée d'ordinaire à l'Etat bourgeois, on trouve au contraire une grande souplesse.

Dans le domaine de l'administration, quand des règles sont fixées, elles incluent en quelque sorte la possibilité de dérogations. Le droit administratif français, qui a pour objet une partie des actes de l'administration et pour contenu des règles différentes de celles du droit privé, se trouve essentiellement dans la jurisprudence du Conseil d'Etat (16), c'est-à-dire sous forme d' "arrêts de règlement, de principe". Il s'agit, écrit G. Braibant, "d'une sorte de violation de la loi qui s'explique par la nécessité : c'est dans ces arrêts que vous trouverez un certain nombre des règles fondamentales du droit administratif, soit qu'ils interprètent la loi, soit même qu'ils interviennent dans un domaine où il n'y a pas de loi du tout, ce qui est le cas pour l'essentiel de toute la théorie de la responsabilité de la puissance publique...". La juridiction administrative, d'ailleurs en partie héritée de la centralisation de l'ancien régime (17), a été développée par Napoléon 1er. Il a été interdit par le code civil que les juges prennent des "arrêts de règlement", fixant des normes : ceci était réservé au législateur. Pour la juridiction administrative, ni codes, ni grands textes. Mais par la jurisprudence s'est constitué un droit différent du "droit écrit". "Ainsi, le contentieux administratif qui était un remède à la centralisation aboutit sur ce point au même résultat que la centralisation elle-même, c'est-à-dire à la formation d'un droit administratif autonome" (18). Le juge administratif parait combler un vide du droit au niveau de l'administration. Mais la réalité semble déborder incessamment toute norme de droit, si l'on considère notamment "l'énorme foisonnement" des établissements publics, la diversité de leur régime juridique, et, depuis 1958, de leurs règles de formation. Il y a une "prolifération désordonnée" d'organismes dont le caractère public ne peut être contrôlé qu'indirectement, par une jurisprudence qui doit "identifier les normes dans la réalité" (19). Ainsi naissent de nouveaux organismes, souvent surajoutés aux anciens, et dont le statut échappe à toute codification initiale, voire ultérieure.

Un exemple parmi cent en est donné par l' "Agence Nationale pour l'Emploi", dont le directeur a récemment analysé le fonctionnement (20). "Créée par l'une des "ordonnances sociales" du 13 juillet 1967, et mise en place progressivement à partir du début de 1968", cette Agence s'est trouvée au croisement de deux projets administratifs différents : l'un consistait à rénover les "services extérieurs" du ministère du travail (les "bureaux de main-d'œuvre", qui avaient un faible rôle), l'autre voulait constituer un office nouveau, souple et commode, qui serait géré de façon tripartite pour avoir la confiance des syndicats et du patronat (co-gestion qui a été refusée par "les partenaires sociaux"). Le résultat est un régime hybride. "Juridiquement, l'Agence est un établissement public innommé, donc, en fait, à caractère administratif" (21). Elle est gérée par des fonctionnaires et subventionnée par l'Etat. Elle est placée sous l'autorité du ministère du travail, dont la hiérarchie double celle de l'Agence elle-même. Ainsi on n'a ni vraiment rénové l'ancien, ni vraiment créé du nouveau ; et l'Agence se trouve à la fois à l'extérieur et à l'intérieur du ministère du travail. Le droit saisi par la réalité peut avoir du mal à formuler des règles, puisqu'on a là un établissement public "juridiquement... innomé" !

L'adaptation de l'Etat au problème de la gestion du chômage capitaliste se traduit en l'occurrence par une extension du contrôle des chômeurs. Conçue comme l'instrument d'une politique de l'emploi définie par le gouvernement, l'Agence enregistre : le chômeur doit s'y inscrire et y ''pointer'' pour garder ses droits aux diverses prestations sociales ; elle place, en rapprochant demandes et offres d'emploi, elle informe et surveille professionnellement, elle recueille la matière statistique du marché du travail.

Elle permet donc un encadrement assez serré des chômeurs. En même temps, elle reproduit les normes en vigueur dans l'usage capitaliste de la force de travail salarié. Son contrôle n'est pas seulement quantitatif, mais qualitatif (22). C'est pourquoi les énormes lacunes de l'assistance en France (50 % des chômeurs ne touchent rien, apprenait-on en 1975, soit plus de 500.000 personnes) ne sont pas des négligences, des insuffisances administratives : elles sont inhérentes à la forme même du contrôle. Les chômeurs n'ont des droits qu'en tant que travailleurs salariés potentiels. Ceux qui sont secourus pointent régulièrement à l'agence selon la fréquence prescrite, et restent donc capables d'être soumis au contrôle du pointage. ''Si le chômeur ne peut pas se rendre à l'agence le jour de pointage prévu, il doit en aviser l'agence quelques jours à l'avance. Car pour deux retards consécutifs, certaines agences sont en droit de rayer la personne sans emploi de la liste des bénéficiaires. Il faut alors refaire toutes les démarches d'inscription'' (23).

Ainsi la gestion étatique de chômage peut-elle fonctionner comme sélection des chômeurs. De même que l'assistance en général (24), la politique de l'emploi est réglée selon les normes du travail salarié dont le capital a besoin. L'organisme approprié est une excroissance de l'administration, adaptée à une tâche particulière, sans véritable statut juridique. Elle est ''de l'Etat'' sans en être tout à fait, située entre les agences privées de placement et les bureaux publics d'aide aux chômeurs. Elle se rattache à un cadre institutionnel éprouvé (ministère), mais fonctionne comme une sorte de sous-appareil d'Etat exprimant un déplacement de la limite du domaine public.

L'adaptation plus ou moins efficace des institutions étatiques au présent capitaliste se poursuit constamment, par mesures nouvelles, dérogatoires ou non : il n'y a pas d'appareils immuables opposés à des pouvoirs qui changent, ni une administration qui reste, alors que les gouvernements passent. L'Etat capitaliste doit assurer la domination et la reproduction du capital alors que la société n'est pas entièrement capitaliste, et ne peut l'être, dans l'intérêt même du capital. Un décalage se produit, cette autonomie relative de l'Etat qui s'exprime notamment par le caractère bâtard de beaucoup d'institutions se présentant comme au-dessus des classes, et comme différentes des appareils répressifs et idéologiques d'Etat, mais sont en fait adaptées aux besoins présents de la domination de classe du capital. Ainsi la **gestion des flux (par exemple des offres et demandes d'emploi) masque celle des rapports de classes, alors qu'elle en est une partie constitutive.** L'autonomie relative de l'Etat n'est pas une donnée, c'est une création continue. En préciser le jeu, c'est aussi montrer comment l'intervention économique de l'Etat capitaliste combine plusieurs espaces d'intervention, et plusieurs dimensions temporelles.

II - L'ajustement des frontières

Un principe politique de la constitution d'un espace étatique capitaliste est celui de l'unification de la classe capitaliste et de la division de la main-d'œuvre populaire. On voit ce principe à l'œuvre dès le mercantilisme du XVIe siècle, dans certains textes qui réclament à la fois une "nationalisation" de la force de travail, et la prise en compte d'une monnaie internationalement valable. Selon un "compendieux" de 1581 (25), la monnaie est nécessairement universelle, c'est sur un marché mondial qu'elle est "universellement estimée" et qu'elle sert d'instrument des échanges. Cela devrait fixer une limite aux manipulations monétaires des gouvernants. Le Prince, responsable du monnayage, doit garder son crédit. L'espace de référence est ici "le marché du monde", où le capital marchand a besoin d'une monnaie commune, non soumise au bon plaisir des rois. Il n'en va pas de même quand il s'agit de la production. C'est à tort que l'Angleterre exporte de la laine, des peaux, de l'étain, et importe des produits manufacturés qu'elle pourrait fabriquer elle-même. Car, dit le texte, il faut "faire travailler notre peuple plutôt que des étrangers", et pour cela prendre des mesures aux frontières du pays, et dans les diverses villes. Un texte français de la même époque (26) demande "que le profit de la main demeure au Royaume". L'espace de référence est ici celui de la France, ou de l'Angleterre. Ainsi la gestion étatique doit-elle tenir compte de l'espace international de la circulation marchande et monétaire, et de l'espace national de la force de travail : unité monétaire internationale pour le capital marchand, division des travailleurs selon leur pays d'origine.

Non seulement il faut "redistribuer les fabrications", mais, disent ces textes, il faut éviter la consommation de produits de luxe (par exemple "le port des étoffes de soie"), et peser sur la consommation populaire. La main d'œuvre à bon marché, on a vu que c'était une des préoccupations constantes du capital. Pour l'obtenir, se présentent deux modèles différents de développement agricole, ayant des effets analogues sur le coût de la nourriture, mais des conditions sociales et politiques différentes. P. Coulomb et H. Nallet ont montré (27) qu'il y a d'une part un modèle ouest-européen constitué par des producteurs individuels, et d'autre part un modèle anglo-saxon d'approvisionnement de caractère impérialiste, celui de l'Angleterre victorienne et des Etats-Unis au XXe siècle. Dans le second cas, l'espace politique que l'Etat doit contrôler est celui d'une zone de pays "sous-développés" réduits à un pillage de type colonial. Par contre, dans le cas de l'Europe de l'Ouest, les producteurs sont une masse de petits paysans "prête à se substituer à la classe déclinante des propriétaires fonciers, disposée à produire et à vendre sans exiger une rémunération capitaliste des avances productives qu'elle consent", et à "assurer un approvisionnement à des prix inférieurs à ceux qu'exigeraient des entrepreneurs agricoles capitalistes". L'espace politique est ici surtout national ; cependant M. Gervais montre plus loin (28) que le protectionnisme français du début du XXe siècle a permis d'économiser des capitaux qui, au lieu de s'investir dans l'agriculture, ont soutenu les bases internationales de la puissance financière du capital français. Il y a ainsi combinaison de zones décalées les unes par rapport aux autres, mais plus ou moins complémentaires ; et les Etats capitalistes doivent en faire un objet de leur gestion économique et politique (cf. annexe n° 3).

Ce qui est appelé couramment "internationalisation du capital" ne change pas le problème de façon fondamentale. E. Friedberg montre comment "l'ouverture des frontières françaises" depuis quelques années entraîne des changements dans les modalités d'organisation de l'appareil d'Etat, des "milieux industriels", et des rapports des deux (29). "En effet, sous la pression accrue d'un marché ouvert, il ne s'agit désormais pas tant de gérer les intérêts des différents secteurs à travers des règles générales, que de les (re)structurer par des actions exemplaires et sélectives". Les rapports entre les "milieux industriels", où s'affirment de plus en plus les "grandes firmes monopolistiques", et d'autre part l'Etat, se modifient. "La libération des échanges", "en faisant disparaître progressivement le pouvoir classique de contrôle aux frontières, qui était largement aux mains des bureaucraties sectorielles, (...) entraîne la prépondérance de plus en plus forte de l'instrument financier comme moyen d'intervention de l'Etat", ainsi que d'autres changements.

En effet, pour des opérations de subvention ou de crédit étatiques qui sont maintenant spécifiques et individualisées, selon Friedberg, la réglementation générale relevant du droit administratif ne convient plus, ni les mécanismes de "médiation institutionnalisée" mis en œuvre par les services de tutelle sectorielle en relation avec les organismes professionnels patronaux. Maintenant, "l'action industrielle de l'Etat n'est plus médiatisée par la règle, mais résulte de choix politiques explicites", de sorte que "l'administration en tant que telle perd sa légitimité propre". Friedberg présente ces deux modèles d'intervention étatique comme des "constructions idéal-typiques". Son analyse a l'intérêt de montrer que "l'ouverture des frontières" peut affaiblir un type de gestion étatique par rapport à un autre. Mais elle a un inconvénient majeur, celui d'isoler "la politique industrielle" de l'Etat de la politique de gestion de la force de travail, autrement dit d'enlever à la première son caractère de classe. Même avec l'ouverture des frontières, et la prédominance des grandes firmes entretenue par l'action publique, il n'en reste pas moins qu'une certaine unification politique de la bourgeoisie doit se faire, sous l'égide d'une fraction qui impose aux autres les compromis nécessaires. Il reste aussi que par rapport à cette unification politique, le fractionnement du prolétariat, notamment en classe ouvrière nationale et en main-d'œuvre étrangère, est une tâche de l'Etat bourgeois. Même si les milieux d'intervention et les lieux de négociation se déplacent, ce double aspect de la gestion étatique capitaliste doit subsister.

On pourrait objecter à cela que l'unification politique intérieure de la bourgeoisie n'a plus le même sens aujourd'hui si, à la bourgeoisie nationale des pays capitalistes développés, a succédé une bourgeoisie "intérieure" dominée par les Etats-Unis ou par les entreprises multinationales d'origine américaine. Cette notion de "bourgeoisie intérieure", développée par N. Poulantzas (30), est à discuter sérieusement, car elle mêle des descriptions intéressantes et une idée d'ensemble erronée très largement répandue, et qui met en cause le rôle de l'Etat comme cristallisation des rapports de classes dans un champ national.

III - Un détour par "les bourgeoisies intérieures européennes" (31)

Avant même la synchronisation des conjonctures nationales capitalistes en 1974-1975 (inflation et récession partout), le développement des firmes multinationales a conduit à de nouvelles analyses de "l'internationalisation du capital" sous hégémonie américaine. Il semble que se soit produite une désagrégation des frontières nationales dans lesquelles les gouvernements pouvaient auparavant pratiquer des politiques conjoncturelles sur des flux relevant de leur capacité d'action. Cela indique une modification des rapports entre capital américain et bourgeoisies européennes, celles-ci étant désignées par Poulantzas comme "bourgeoisies intérieures", qui ne sont ni des "bourgeoisies nationales", ni des "bourgeoisies compradores".

La bourgeoisie nationale est "la fraction autochtone de la bourgeoisie qui, à partir d'un certain type et degré de contradiction avec le capital impérialiste étranger, occupe, dans la situation idéologique et politique, une place relativement autonome, et présente ainsi une unité propre". Il en résulte que "la bourgeoisie nationale est susceptible, dans des conjonctures déterminées, de luttes anti-impérialistes et de libération nationale, d'adopter des positions de classe qui l'incluent dans le "peuple", et est donc passible d'un certain type d'alliance avec les masses populaires". Selon Poulantzas on ne peut appliquer cette notion aux bourgeoisies européennes en rapport avec le capital américain. Le faire, ce serait raisonner par analogie, et appliquer aux relations inter-impérialistes actuelles un schéma qui date d'un siècle, celui de la position dominante, au XIXe siècle, de la Grande-Bretagne par rapport aux autres pays capitalistes. Un tel schéma ne rend pas compte, d'après Poulantzas, de la véritable ligne de clivage actuelle entre capitalisme américain et capitalismes de "second ordre".

Peut-on alors appliquer aux bourgeoisies européennes d'aujourd'hui la notion de "bourgeoisie compradore" ? Celle-ci n'a pas de "base propre d'accumulation du capital", elle "agit en quelque sorte comme simple intermédiaire du capital impérialiste étranger c'est pour cela que l'on assimile parfois à cette bourgeoisie "la bourgeoisie bureaucratique" -, et (elle) est ainsi, du triple point de vue économique, politique et idéologique, entièrement indéodée au capital étranger". Poulantzas pense que cette notion ne permet pas d'analyser les bourgeoisies européennes actuelles, sous peine de méconnaître l'activité particulière de celles-ci, et de verser dans la notion de "super-impérialisme".

Alors seule la nouvelle notion de "bourgeoisie intérieure" permettrait d'éviter les écueils théoriques, et aussi les impasses politiques tenant à l'idée d'une alliance avec de pseudo-bourgeoisies nationales. Les bourgeoisies intérieures s'inscrivent dans une phase particulière de l'impérialisme, où sont modifiés non seulement les rapports métropoles/formations dominées, mais les rapports des métropoles entre elles. L'hégémonie des Etats-Unis n'empêche pas les sous-impérialismes de demeurer des "centres propres d'accumulation du capital", et de livrer bataille pour la domination des pays du tiers-monde ; cependant cette hégémonie "passe par l'établissement des rapports de production caractérisant le capital monopoliste américain et sa domination à l'intérieur même des autres métropoles, et par la reproduction en leur sein de ce nouveau rapport de dépendance". Un signe privilégié en est l'investissement direct de capitaux américains dans des secteurs productifs en Europe. De ce fait, les bourgeoisies intérieures sont intégrées "aux procès de division internationale du travail et de concentration internationale du capital sous la domination du capital américain", domination qui n'a pas seulement un caractère économique, mais aussi politique et idéologique. Ainsi, tout en gardant une spécificité, elles perdent leur autonomie.

En conséquence, le rôle des Etats nationaux se modifie nécessairement. "Ces Etats prennent eux-mêmes en charge les intérêts du capital impérialiste dominant dans son développement au sein même de la formation "nationale", à savoir dans son intériorisation complexe à la bourgeoisie intérieure qu'il domine". Ainsi ils offrent aux capitaux américains les mêmes conditions (fiscales, financières), qu'aux capitaux autonomes, ce qui, compte tenu du développement inégal, revient à privilégier le capital américain. Le cœur de leur activité n'est plus la prise en charge des intérêts d'une bourgeoisie nationale ayant une unité propre. Et cependant ils restent des Etats nationaux, en raison de la persistance des formes nationales de la lutte des classes. Poulantzas indique que, comme les partis et les syndicats conservent un caractère national, le rapport Etat/nation se trouve maintenu.

La discussion porte ici principalement sur le rapport établi par Poulantzas entre **capital américain et bourgeoisies européennes**. Car avec cette formulation, on a du mal à appréhender la bourgeoisie américaine d'une part, les capitalismes européens de l'autre ! En ce qui concerne le premier point, il n'est pas possible de savoir ce qui se passe aux Etats-Unis mêmes, car le capital américain est présenté comme une force inaltérable, c'est-à-dire de façon abstraite et statique. De ce fait, l'existence et le rôle d'une bourgeoisie américaine sont des points sans importance. Mais alors, désigner le capital hégémonique comme américain, ou se référer aux Etats-Unis comme foyer d'une exportation de capitaux, cela reste une démarche purement empirique.

L'objection présente deux aspects différents, quoique complémentaires. D'une part l'hégémonie du capital américain devrait être considérée de façon dynamique, selon son évolution dans le temps et aussi selon la relation entre développement intérieur et expansion extérieure. On serait ainsi conduit à chercher dans quelle mesure s'est produit un changement des conditions de l'accumulation capitaliste aux Etats-Unis, qui aurait des conséquences sur l'hégémonie américaine. Qu'en est-il lorsque l'on considère la crise de

1974/1975 ? Le capital américain ne peut être considéré d'après ses seuls effets sur les économies européennes, abstraction faite de ses avatars aux Etats-Unis mêmes. D'autre part, et c'est le second aspect de la même objection, l'expression de classe de ce capital, notamment par l'action d'une bourgeoisie américaine, devrait être considéré pour comprendre les caractères politiques de l'expansionnisme américain. Parler avec Poulantzas du "capital américain" ne peut aucunement suffire pour déterminer en quoi consiste l'hégémonie actuelle des Etats-Unis. Il faut ajouter à cela l'erreur commise par toute démarche fondée sur une extrapolation. On a montré ailleurs (32) qu'il n'y a pas de "super-impérialisme économique : ainsi lorsque le dollar était relativement surévalué, cela favorisait les exportations de capitaux américains, mais défavorisait les exportations de marchandises américaines. Il faudrait poursuivre l'analyse et, montrer comment, quand le dollar est relativement sous-évalué (depuis ses dévaluations de 1971 et 1973, jointes à son "flottement"), cela a un effet positif sur la balance commerciale, mais peut entraîner un tassement des investissements américains à l'étranger ; il semble ainsi qu'après une moindre augmentation de ces investissements en 1972-1973, on assiste en 1975 à une régression (33). Cela devrait mettre en garde contre les extrapolations, en même temps que contre l'idée courante de l'hégémonie intangible de l'impérialisme américain.

L'on vient de discuter le premier des termes du couple de notions utilisé par Poulantzas, "capital américain/bourgeoisies intérieures européennes". L'on est alors amené à discuter l'autre terme, celui de bourgeoisie intérieure, qui renvoie selon Poulantzas au procès d'internationalisation, et non pas à une bourgeoisie enfermée dans un espace national. Il faudrait connaître "les caractères structurels" qui distingueraient bourgeoisie nationale et bourgeoisie intérieure dans leurs rapports avec le capital "étranger". Or Poulantzas ne fait pas l'analyse de ces caractères, et il ne peut pas le faire, d'abord parce que le critère qu'il utilise est celui du degré d'autonomie relative par rapport à un capital étranger qui n'est pas lui-même situé dans sa propre sphère nationale. Ou bien l'internationalisation du capital désarticule tous les espaces nationaux, y compris celui des Etats-Unis ; ou bien elle n'a pas cet effet, et tant que le capital hégémonique demeure "américain" les "impérialismes secondaires" demeurent "allemands" ou "français".

Le même problème se pose si l'on considère que Poulantzas admet lui-même la persistance des Etats-nations, en rapport avec les formes nationales des organisations ouvrières-partis et syndicats. Cela veut dire qu'il n'y a pas encore de "rapports de production mondiaux", opposant à une bourgeoisie mondiale un prolétariat international. Dès lors qu'il y a prédominance de "la forme nationale" des luttes populaires, cette forme affecte nécessairement aussi le rôle de la bourgeoisie. On ne comprend pas comment Poulantzas peut fonder le caractère national des Etats européens sur les seules formes des luttes ouvrières, ainsi que sur le champ d'action de diverses couches sociales, petite bourgeoisie, paysannerie, personnel des administrations, en faisant abstraction des modalités de la domination bourgeoise. A moins de faire de l'Etat un sujet puissant et rusé qui introduit le capital étranger sous le couvert d'une forme nationale, on ne voit pas comment éviter de considérer une bourgeoisie nationale - même si les fractions et diverses stratégies de celle-ci sont à examiner en rapport avec l'évolution de l'impérialisme américain. En outre, que la bourgeoisie soit à la fois "nationale" et "cosmopolite" n'est pas une nouveauté. La notion même de "bourgeoisie nationale" serait sans doute à définir de nouveau, par rapport à ce qui a été exposé plus haut.

Il semble que, d'autre part, Poulantzas méconnaît le fait que "l'internationalisation du capital" fractionne les classes ouvrières autant qu'elle les unit sous une domination commune. Ce fractionnement reste organisé dans le cadre des Etats bourgeois - où il renvoie alors à l'unité de classe de la bourgeoisie par opposition à la division du prolétariat. L'Etat national gère la main-d'œuvre en conséquence. Si l'on envisage par exemple le cas d'ouvriers français travaillant en France même, dans une filiale américaine, l'Etat contribue à gérer une main-d'œuvre qui ne travaille pas de façon directe pour le profit de la bourgeoisie française. Mais cela ne met pas en cause le rôle décisif d'une hégémonie de classe de cette bourgeoisie française. Si la filiale, considérée par la lointaine maison-mère comme non rentable, est fermée, le sort des ouvriers licenciés relève des rapports de classe en France. La bourgeoisie française doit en l'occurrence affronter sur le terrain une situation déterminée dont l'Etat est politiquement responsable. Autre exemple, celui de l'Afrique du Sud, où Renault (entre autres) a une filiale au Cap. La main d'œuvre noire y est sur-exploitée selon les normes imposées par la classe dirigeante sud-africaine (certes soutenue par le capitalisme international). L'ouvrier immigré travaillant chez Renault en France n'a pas, malgré la discrimination dont il est victime, un sort identique à celui du travailleur noir chez Renault au Cap. Les différences renvoient précisément à l'histoire des rapports de classes nationaux par lesquels passe l'effet des relations internationales.

Suivant l'idée exprimée plus haut (34), l'unité de la bourgeoisie et le fractionnement du prolétariat sont des principes de constitution de l'espace politique du capitalisme. L'Etat doit sans cesse déplacer et ajuster les frontières économiques les unes par rapport aux autres. On a ici limité le problème, qui pourrait être étendu aux décalages entre monnaie, financement, implantation des entreprises, etc... L'autonomie relative de l'Etat est à la fois réduction et maintien de ces décalages, relativement aux rapports de classe.

IV - L'anachronique et le contemporain

En examinant la constitution d'un domaine économique public comme mode d'adaptation de l'Etat au capitalisme, on a vu que des institutions héritées du passé se sont transformées tout en subsistant d'une certaine façon. Il ne s'agit pas de "survivances" d'anciennes institutions dans un Etat moderne, ni de strates que l'on peut identifier dans le jeu de certains organismes. Plus généralement, la référence au passé ou l'anticipation du futur font partie de la manière dont l'Etat contribue à agir sur le présent capitaliste. Le contemporain fonctionne partiellement dans l'anachronique. *Tout comme le déplacement des frontières, ce porte-à-faux est constitutif de l'autonomie relative de l'Etat capitaliste.*

1) L'ancien et le moderne

Marx a souvent utilisé, dans ses textes de critique de Hegel, puis dans ses analyses des luttes de classe en France, l'idée du rapport entre le passé et le présent politiques. Il l'a cependant fait de deux façons assez différentes. En premier lieu, il distingue à plusieurs reprises archaïsme et modernité en ce qui concerne les tâches politiques de la bourgeoisie et l'appareil d'Etat. Ainsi les Allemands au XIXe siècle s'occupaient du développement industriel comme les Français et les Anglais s'en étaient occupés au temps du mercantilisme ; ils commencent avec ce qui prend fin en France et en Angleterre. Ils sont "des contemporains philosophiques du présent sans en être des contemporains politiques" (35). Cela signifie que la bourgeoisie allemande n'est pas en mesure de diriger politiquement les conditions de l'industrialisation du pays. Cependant la bourgeoisie française a des faiblesses analogues, par rapport à la bourgeoisie anglaise, ce qui se traduit par le retard économique de la première. "En Angleterre c'est l'industrie qui prédomine ; en France c'est l'agriculture... L'industrie française ne domine pas la production française, les industriels français, par conséquent, ne dominent pas la bourgeoisie française" (36). Du coup, en France, ce sont la banque et la Bourse qui dominent, avec leurs aspects parasitaires : elles ont intérêt à développer un appareil d'Etat coûteux, car le déficit public engendre la dette publique qui alimente les fortunes privées, et permet d'entretenir une clientèle politique de rentiers. Au contraire l'Angleterre a un Etat relativement "bon marché", donc moderne, c'est-à-dire adapté à l'accumulation de capital industriel. Ici Marx oppose archaïsme (sous-développement industriel et politique de la bourgeoisie) et modernité. Il n'envisage pas que dans le cas de l'Angleterre, l'extension impériale dans l'espace ait pu permettre d'éviter l'archaïsme dans le temps, tout en posant - quoique de façon différente - le même problème, celui du développement des rapports de production capitalistes dans une société non capitaliste.

Ce premier aspect des appréciations de Marx n'est pas le plus fécond. Le second, qui montre comment l'anachronisme peut être *impliqué dans* les tâches du présent, l'est bien davantage. Marx en développe l'idée à propos des révolutions bourgeoises anglaise et française. L'une et l'autre se sont effectuées en empruntant leur langage au passé. C'est avec l'Ancien Testament, ou la référence à l'Antiquité romaine, qu'elles ont accompli "la tâche de leur époque, à savoir l'éclosion et l'instauration de la société bourgeoise moderne" (37). "La résurrection des morts, dans ces révolutions, servit par conséquent à magnifier les nouvelles luttes, non à parodier les anciennes". La bourgeoisie n'a pu accomplir sa propre révolution en se présentant comme telle, à cause de l'étroitesse sociale de ses intérêts de classe exploiteuse. Elle a dû emprunter au passé de quoi apparaître comme une fraction sociale porteuse des intérêts de tous. Ce n'est pas une tromperie idéologique, c'est une nécessité de l'instauration de l'hégémonie bourgeoise. Seul ce second point de vue de Marx est vraiment fécond. Développé, adapté à l'étude du capitalisme, il peut aider à écarter la tentation d'un modernisme considérant l'état de la production industrielle indépendamment des rapports de classe dans leur ensemble. Il peut conduire à considérer la combinaison concrète de formations sociales d'âges différents. Ainsi, d'un point de vue moderniste, le démantèlement du mercantilisme par la seule Grande-Bretagne de 1815 à 1846 (38), semble faire de ce pays au XIXe siècle l'avant-garde du capitalisme industriel moderne. C'est oublier ce que l'on a évoqué plus haut, la substitution de l'espace au temps, le capital industriel moderne anglais n'ayant pu se développer qu'au moyen d'une domination commerciale et coloniale à l'échelle internationale, domination sur des formations pré-capitalistes astreintes à devenir des contemporaines du capitalisme auquel elles étaient "antérieures".

Ce type de "survivances" ayant un caractère fonctionnel dans le présent capitaliste est toujours en vigueur aujourd'hui, sous des formes diverses, dont certaines ont un caractère exemplaire. Les réserves de main-d'œuvre noires de l'Etat raciste (39) d'Afrique du Sud ont, dans leur vétusté, un rapport direct avec les usines modernes des filiales d'entreprises multinationales de toute provenance : lieux et temps différents et complémentaires, le Bantoustan où sont parquées les familles des travailleurs noirs et la métropole moderne du Cap où les ouvriers noirs sont utilisés dans les filiales de Renault ou de Ford, vont de pair. Le plus moderne se combine avec le plus rétrograde. Sans aller jusqu'à ces cas extrêmes (40), il en va de même quand on examine d'autres aspects de l'activité capitaliste, les questions monétaires, où, note Marx, le mercantilisme ressurgit, dans des occasions déterminées, à l'intérieur de l'économie politique contemporaine, en raison du mode de fonctionnement de la monnaie dans le capitalisme, également les questions fiscales et bien d'autres. Si le "moderne" a besoin de l' "ancien", c'est parce que le contexte du capital n'est pas tout entier capitaliste, et ne peut l'être même tendanciellement.

Survivances ou archaïsmes, comme résurgences du passé dans le présent capitaliste, renvoient à l'articulation entre l'anachronique et le contemporain, articulation propre à l'Etat capitaliste qui fonctionne politiquement dans une société ne pouvant être complètement investie par le capitalisme auquel elle doit cependant être adaptée.

2) Présence du futur

Un autre aspect de la particularité du temps capitaliste en rapport avec la gestion de l'Etat, est celui du rapport entre le **présent** et le **futur**. Au temps "socialement nécessaire" dominé par la dépense ouvrière du travail abstrait, l'analyse économique traditionnelle substitue le temps de l'amortissement du capital dominé par l'actualisation de l'avenir ("la valeur de la terre dépend de la valeur présumée des récoltes"). Il ne s'agit pas d'en traiter ici ; ni d'évoquer la psychologie des anticipations appliquée, par exemple dans la théorie monétariste, à la demande d'encaisses désirées, et aux ajustements de portefeuille. Il ne s'agit pas non plus d'élaborer un concept d'anticipation délivré de toute référence à l'équilibre général de longue période (41), mais seulement d'en présenter une interprétation liée à celle de l'émergence de la politique économique (42). Selon A. Negri, la théorie générale de Keynes considérée comme "un manifeste politique", indique notamment l'incertitude de l'avenir capitaliste, et la volonté de fixer le futur comme présent, ou d' "annuler le futur en prolongeant le présent". C'est ici que l'Etat intervient, en garantissant le futur dans la mesure où il est concerné par le soutien de la demande effective et l'action sur les investissements. Il lui faut subordonner le taux d'intérêt à "l'efficacité marginale" du capital productif, et soustraire les deux à l'anarchie financière privée.

En situant cette analyse par rapport à celle de la politique économique, on peut dire qu'en effet Keynes lui-même, dans la préface de l'édition anglaise de la Théorie générale, indique que l'incertitude est liée au caractère monétaire de l'économie : "Une économie monétaire est essentiellement une économie où la variation des vues sur l'avenir peut influer sur le volume actuel de l'emploi, et non sur sa seule orientation" (43). Dès lors le futur lui-même peut, relativement au présent, avoir deux aspects : soit dépendre de la préférence pour la liquidité, de la thésaurisation ou de la spéculation privées liées à l'usage de monnaie ; soit être influencé de façon décisive par les investissements de l'Etat qui agit comme un "réducteur d'incertitude" L'intervention étatique devrait permettre, en réduisant les risques, d'éviter le blocage du présent sous l'effet de la prévision des rendements futurs. Le lien entre le présent et le futur que constitue notamment le crédit, reçoit ainsi une garantie étatique qui modifie le caractère des certitudes et incertitudes, comme on l'a vu par ailleurs. Quand "l'anté-validation" du crédit se confond avec la "pseudo-validation" étatique, substitut provisoire ou définitif, la "fuite en avant" du capitalisme peut se traduire par une nouvelle forme de crise, l'inflation liée à la dépression. Alors réapparaissent le poids du présent et l'incertitude de l'avenir capitalistes, mais à l'intérieur d'une nouvelle relation gérée tant bien que mal par l'Etat.

L'Etat comme réducteur d'incertitude doit, selon Keynes, unifier la bourgeoisie autour du capital industriel, et non du capital financier. Il agit aussi au niveau d'une fraction du prolétariat, dont la division est institutionnellement maintenue, quant aux perspectives d'avenir. Ainsi par le versement du salaire indirect, le travailleur est "ré-intégré à titre viager" et non plus seulement "horaire" dans l'économie capitaliste" (47). Cela introduit une ligne de clivage entre les travailleurs bénéficiaires de ce salaire et les autres, surexploités, "qui ne perçoivent qu'un salaire horaire direct (comme ce fut longtemps le cas en Europe et comme c'est le cas dans la plupart des pays sous-développés" (45). Le prolétariat se divise en travailleurs intégrés et en travailleurs migrants dont la durée de séjour est, en France par exemple, en moyenne de trois ans. Sous réserve d'un rappel concernant l'insécurité de l'emploi des travailleurs comme "risque spécifiquement prolétarien" (46), il est certain que la gestion étatique du temps capitaliste a pour but (sinon pour effet) de réduire l'incertitude capitaliste et d'entretenir l'incertitude prolétarienne quant à l'avenir.

Adaptation au présent, aménagement des décalages dans l'espace et le temps : L'Etat capitaliste a bien, par rapport à l'infrastructure économique, une autonomie relative, mais celle-ci ne peut être comprise en dehors de la gestion des rapports de classe principalement déterminés par le rapport de production capitaliste. C'est pourquoi la destruction de l'Etat bourgeois,. préconisée par une grande partie de la tradition révolutionnaire marxiste, devrait aller de pair avec celle de l'infrastructure capitaliste.

NOTES

(1) Cf. "The economic crisis", *Monthly Review, opus cit.*, n° de mars et avril 1975.
(2) Cf. chapitre 4.
(3) Marx, *Critique du droit politique hégélien*, trad., Editions Sociales, 1975, p. 71.
(4) "Les bolcheviks garderont-ils le pouvoir ? " *Oeuvres complètes*, tome 26, p. 81 et suiv. cf. présentation et commentaires de Y. Leclercq, thèse, *La gestion de l'Etat*, thèse, Paris, p. 133-134.
(5) *Deux siècles de fiscalité française, XIXe-XXe siècle*, Mouton, 1973, p. 71-72.
(6) Torqueville, *L'ancien régime et la révolution*, NRF collection Idées, 1967, p. 211.
(7) Moses Finley, *L'économie antique*, Editions de Minuit, 1973, p. 223.
(8) *Ib.*, p. 230-235.
(9) *Principes*, trad. franç., Calmann-Lévy, p. 116.
(10) *Id.*, p. 129.
(11) *Opus cit.*, p. 128.
(12) Cf. plus haut, chapitre 1.
(13) Cf. chapitre 4.
(14) *Deux siècles de fiscalité française, opus cit.*, article de J. Wolf, p. 280.
(15) Cf. "The fiscal crisis of the State", dans *Studies on the left*, p. 31-34.
(16) Cf. notamment Guy Braibant, "Le droit administratif français", cours polycopié, 1971 1972, et A. de Laubadère, *Traité élémentaire de droit administratif*, L.G.D.J., 1963.
(17) Cf. Tocqueville, *L'ancien régime et la révolution, opus cit.*, chapitre 4, p. 122 et suiv.
(18) Cf. G. Braibant, *opus cit.*, p. 43.
(19) *Ib.*, p. 197.
(20) "L'agence nationale pour l'emploi, pourquoi faire ? " par J.P. Puissochet, Revue *Droit Social*, juin 1975.
(21) *Ib.* .
(22) Cf. *Le Monde*, 20 Nov. 1975, correspondance sur le licenciement de 35 agents hospitaliers, tous Antillais, pour "orthographe insuffisante et fautes de calcul lors de l'examen subi quatre mois après leur recrutement et auquel les a soumis l'antenne "Assistance Publique" de l'Agence Nationale pour l'Emploi". "Dorénavant, décrétés "analphabètes" et fichés comme tels à l'ANPE, il leur sera difficile de retrouver un travail dans des conditions normales".
(23) Cf. *Le Monde* du 26 Nov. 1975, p. 34, sur "La perte des Droits".
(24) Cf. chapitre 1.
(25) Dans *Ecrits notables sur la monnaie, XVIe siècle*, reproduits par J.Y. Le Branchu, 1934, tome 2, p. 182.
(26) *La reprise de Jean Bodin à M. de Malestrait*, Edition de H. Hauser, Librairie A. Colin 1932, variante de 1578, p. 69.
(27) Dans "Industrialisation de la production et impérialisme", *Le Monde Diplomatique*, sept. 1975, p. 9.
(28) Dans "Protectionnisme, colonialisme et investissements industriels", même numéro, p. 12-13.
(29) Dans *Planification et société, opus cit.*, "L'internationalisation de l'économie et modalités d'intervention de l'Etat : "la politique industrielle" ", p. 94 et suivantes.
(30) Dans *Les classes sociales dans le capitalisme d'aujourd'hui*, Seuil, 1974.
(31) Le développement qui suit a d'abord été écrit pour la revue belge *Contradictions*, n° sur la crise, Décembre 1975.

(32) Cf. *La politique monétaire, opus cit.*, chapitre 1.

(33) Cf. *Le monde de l'économie*, 18 nov. 1975, p. 19 : "Selon une récente enquête menée par le Department of Commerce auprès d'environ trois cent cinquante sociétés "multinationales" dont le siège social est aux Etats-Unis et leurs quelques cinq mille filiales implantées à l'étranger, on assisterait actuellement à un début de reflux des investissements américains dans le monde. Le recul serait particulièrement marqué dans les pays d'Europe occidentale et au Canada, où les dépenses relatives à l'achat d'équipements ou à l'extension et la création d'installations industrielles diminueraient cette année de 60 %. Le courant en sens inverse s'est au contraire beaucoup développé puisque, l'année dernière, les investissements engagés par les sociétés créées aux Etats-Unis par des firmes européennes auraient pour la première fois presque égalé ceux des compagnies américaines qui exercent une activité en Europe".

(34) Point II, p. 94.

(35) *Contribution à la critique de la philosophie du droit de Hegel*, Aubier-Montaigne, 1971, p. 67-71.

(36) *Les luttes de classe en France*, Editions Sociales, p. 104.

(37) *Le 18 Brumaire de L. Bonaparte*, Editions Sociales, p. 173 et suivantes.

(38) Cf. Hobsbawn, *Industry and Empire*, Penguin books, éd. de 1974.

(39) A. Glucksmann, selon qui le "côté naturel, biologique" du racisme rendait les camps nazis "insupportables (après coup) au XXe siècle, semble ignorer la persistance de la fonction de classe du racisme, fonction bien montrée par C. Meillassoux, *opus cit.*

(40) Quoique représentatifs, comme le montre C. Meillassoux.

(41) Cf. M. Aglietta, *Les vicissitudes de la politique monétaire des Etats-Unis au cours des cinq dernières années*, thèse complémentaire, 1975.

(42) Cf. *Operai e Stato*, Feltrinelli, 1973, *J.M. Keynes et la théorie capitaliste de l'Etat en 1929*, par A. Negri, p. 86 et suivantes.

(43) Ed. Payot, p. 15.

(44) C. Meillassoux, *opus cit.*, p. 157.

(45) *Ib.*

(46) Cf. chapitre 1.

ANNEXE N° 1*

LE SYSTÈME MONÉTAIRE, L'INFLATION ET LA CRISE

I - LES NOTIONS DE MONNAIE ET DE FINANCEMENT

1° APERÇU SUR LES CONDITIONS DE L'INFLATION

On va partir de la monnaie, et de la façon dont elle se présente aujourd'hui comme monnaie contemporaine, pour ensuite remonter en amont, aux rapports entre marchandise et monnaie.

1) Description

La monnaie a plusieurs **fonctions** : elle est un instrument des échanges, des achats et ventes de biens et de services, un moyen de circulation : cela suppose qu'elle indique les prix des marchandises et services, qu'elle serve d'étalon des prix ; enfin elle sert de réserve de valeur : on peut la mettre de côté en attendant les échéances, ne pas la dépenser ni la prêter, c'est-à-dire que l'on peut la thésauriser.

La monnaie a plusieurs formes : actuellement la monnaie métallique n'existe que comme monnaie divisionnaire (les pièces frappées par la Monnaie pour le Trésor public), qui a un rôle très restreint.

Les formes principales sont celles des billets de banque émis par la Banque Centrale (l'Etat), ou monnaie fiduciaire, et celle des dépôts à vue dans les banques (sur ces dépôts on tire des chèques), ou monnaie scripturale ; ces deux formes de monnaie sont émises par le système bancaire.

De même que toutes les marchandises sont échangeables contre de la monnaie, les diverses formes de monnaie sont échangeables entre elles (on peut échanger à la banque, contre des billets, un chèque tiré sur cette banque). Dans l'analyse qui suit, peut importe que les banques soient nationalisées ou privées ; la distinction importante se trouve entre la Banque centrale d'une part, et les banques de dépôts d'autre part.

(*) Résumé de trois exposés présentés et discutés à un "week-end de travail" du CPO, et publiés dans les Cahiers du CPO, octobre 1975.

2) Analyse usuelle

Au XIXe siècle, des pièces d'or circulaient (aussi d'argent), alors que depuis les années 1920, avec les billets et les dépôts, la monnaie est comme un monde de papier imprimé. Il y a eu "dématérialisation" de la monnaie. L'interprétation courante, qui est aussi celle des experts et des théories dominantes, est que désormais on a seulement de la monnaie-de-crédit, créée comme instrument de financement.

Ainsi un industriel qui a besoin de payer des biens d'équipement et des salaires, **avant** d'avoir vendu et même d'avoir produit des marchandises, emprunte à une banque, par exemple une somme de 100. Le résultat apparaît dans les bilans de la façon suivante :

Banque		Industriel	
Actif	Passif	Actif	Passif
Crédit à court terme	Dépôt à vue	Dépôt à vue	Dette à court terme
100	100	100	100

Le dépôt est à vue, c'est-à-dire qu'il peut être tout de suite utilisé comme moyen de paiement par l'industriel ; la dette de l'industriel est à court terme, c'est-à-dire qu'elle doit être remboursée à la banque dans un délai de 3 mois.

Tout se passe comme si de la monnaie avait été créée pour les besoins du financement, à partir de la relation entre deux agents privés, la banque et l'industriel. Cela semble pouvoir être fait sans limite, sauf si l'Etat, la Banque centrale, intervient et impose aux banques la détention de réserves à la Banque centrale. Pour simplifier admettons ici que ces réserves soient faites de billets de la Banque centrale. Les banques doivent garder par exemple 0,2 (soit 20 %) de leurs dépôts (au passif) en billets Banque centrale (réserves à l'actif). Si elles ont 20 de billets Banque centrale, elles peuvent créer 20/0,2 de monnaie scripturale (ceci est le principe dit du "multiplicateur", qu'on ne développe pas ici car on ne veut pas s'attarder sur les aspects techniques) soit 100 de monnaie au total, et pas davantage. La monnaie Banque centrale est souvent dite "sur-puissante", parce que c'est à partir d'elle que les banques peuvent développer leur propre émission de monnaie. La création de monnaie par les banques renvoie à la création de billets par la Banque centrale, qui semble donc contrôler tout le système. Cette représentation de la pratique bancaire est à la base de la plupart des analyses de la politique monétaire.

De façon générale, ces analyses présentent deux aspects différents. D'une part l'Etat peut contrôler l'émission de monnaie ; il a une grande liberté de manœuvre. D'autre part, la monnaie est un élément de l'ordre social, sa stabilité devrait être une contrainte pour tous, y compris pour l'Etat, auquel on ne peut pas faire tellement confiance. Mais partisans et adversaires de l'intervention de l'Etat font de celui-ci un arbitre de la situation, comme si l'émission de monnaie de crédit pouvait être maitrisée par lui. Dans cette optique la monnaie est un pur instrument du financement émis par le système bancaire.

3) Monnaie et marchandise

Il semble nécessaire, pour comprendre la nature de la monnaie, de mettre la monnaie en relation avec la marchandise, avant de considérer la monnaie de crédit.

a) La marchandise a deux caractères. D'une part elle a une valeur d'usage c'est-à-dire qu'elle est propre à la consommation (le pain qu'on achète pour le manger, la chaise qu'on achète pour s'asseoir). D'autre part, elle a une valeur d'échange : elle est le produit d'une certaine dépense de travail, ce qui permet de comparer plusieurs marchandises entre elles, et de chercher si elles sont équivalentes (ce qui est le cas par exemple si le pain et la chaise sont tous deux le produit d'une dépense de travail de 4 heures).

L'existence même des marchandises reflète le fractionnement du travail social en travaux privés, effectués par des producteurs séparés les uns des autres. La division du travail n'est pas ici organisée par la communauté attribuant à chacun une tâche productive. Les rapports marchands sont des rapports de séparation, entre producteurs, et entre producteurs et consommateurs. C'est pourquoi les marchandises ne s'échangent pas directement entre elles, mais elles circulent par l'intermédiaire de la monnaie.

La monnaie est, comme la marchandise, un rapport social, qui se dissimule sous un rapport purement économique d'échange (achat-vente). Elle reflète une division de la société. Pourtant elle apparaît comme une intermédiaire, un lien (confiance entre les échangistes, etc...). C'est là ce qu'on pourrait appeler "le fétichisme de la monnaie". Cependant toutes les marchandises doivent pouvoir être échangées contre de la monnaie, selon l'enchaînement décrit par Marx : Marchandise-Argent (ou monnaie) - Marchandise, soit M-A-M. La monnaie est "l'équivalent général" de toutes les marchandises. Encore faut-il que les marchandises puissent être vendues contre de la monnaie. Compte tenu du fractionnement du travail social en travaux privés, les travaux privés doivent être validés socialement, c'est-à-dire que l'opération M-A doit se réaliser sur le marché. Si ce n'est pas le cas, si le producteur de légumes par exemple n'arrive pas à vendre (à transformer en monnaie) son produit, sa marchandise se "dévalorise". Son prix de marché baisse ou elle est bonne à jeter. Marx dit de la vente M-A que c'est un "saut périlleux" pour la marchandise !

b) C'est dans ce cadre de la circulation marchande que l'on va préciser la notion de monnaie comme "équivalent général".

On a vu plus haut que la monnaie a plusieurs fonctions (étalon des prix, moyen de circulation, réserve de valeur). On a vu aussi qu'elle a plusieurs formes (monnaie métallique, dépôts, billets). Pour que la monnaie joue bien son rôle d'équivalent général, les diverses formes de monnaie doivent être échangeables entre elles (''convertibles'' les unes dans les autres). Les diverses fonctions doivent être complémentaires les unes des autres.

Prenons l'exemple du dollar en 1960 puis en 1974.

En 1960	aux Etats-Unis	Hors des Etats-Unis
Fonctions	. dit les prix en dollars (étalon) . est un moyen de circulation . est une réserve de valeur	. dit les prix en dollars (étalon) . est un moyen de circulation . est une réserve de valeur (convertible en or par les Banques centrales au taux légal de 35 dollars l'once)
Formes	. dépôts en dollars con- convertibles en . billets Banque centrale	. dépôts en dollars convertibles en . billets Banque centrale et en or
En 1974	Même chose, sauf que la hausse des prix aux Etats Unis gêne la fonction n° 1	La fonction 3 et la forme 3 sont en panne, la fonction 1 est discutée (recherche d'un nouvel étalon)

Ainsi, en 1974, le dollar ne joue plus le même rôle d'équivalent général à l'échelle du marché capitaliste international. Les réformes envisagées pour remplacer ou compléter le dollar supposent des transformations profondes si, comme on l'a vu plus haut, la monnaie est un rapport social, que l'on ne peut pas modifier par décret. Même si la monnaie capitaliste n'est plus actuellement gagée sur de l'or-marchandise, socialement validée, elle n'est pas pour autant un simple instrument.

4) Crédit et financement

a) Revenons au crédit comme avance de moyens de paiement de la banque à l'industriel, et précisons son rôle en rapport avec la circulation du capital. Marx décrit celle-ci comme avance de capital-argent pour acheter des moyens de production et payer l'usage de la force de travail des salariés, la valeur des marchandises produites étant supérieure à celle des dépenses faites et se vendant comme une somme d'argent plus grande que celle qui a été avancée. Le mouvement est le suivant, sous forme schématique : A - M+m - A+a (m et a représentant la plus-value créée par les travailleurs). La circulation du capital est donc une accumulation de capital, une ''mise en valeur de la valeur''. Le capital-argent avancé au début du circuit, A, est plus important à la fin du circuit (A + a = A').

Le capitaliste industriel n'a pas toujours de quoi avancer A. Il emprunte donc de diverses manières, notamment aux banques. Le crédit facilite le financement de l'accumulation capitaliste, grâce au préfinancement. La "base marchande" du système peut être provisoirement surmontée, puisque au départ tout se passe comme si la vente M-A était déjà réalisée - alors même que les marchandises non seulement ne sont pas encore vendues, mais ne sont pas encore produites.

Quel que soit le caractère de la monnaie, le crédit permet par définition de reculer les échéances de réglement. On a vu plus haut que l'industriel peut tout de suite utiliser l'argent qu'il emprunte à la banque, alors qu'il doit rembourser la banque à l'échéance de 3 mois. La banque qui accorde le crédit anticipe la validation sociale des marchandises produites par l'industriel, elle est sûre que ces marchandises seront vendues et qu'avec le produit de la vente l'industriel la remboursera. En se rapportant à l'analyse de la circulation marchande, on peut dire de façon abstraite que la banque effectue une"anté-validation" privée de travaux privés. Elle le fait à ses risques et périls - les crises de surproduction au XIXe siècle s'accompagnaient de crise du crédit et de faillistes bancaires.

b) On peut maintenant en venir à un premier aperçu sur les conditions de l'inflation, en rapport avec la monnaie et le crédit. Disons d'abord que le caractère de la monnaie Banque centrale a changé après les années 1920 : elle est devenue inconvertible en or, ou monnaie à **cours forcé** (les particuliers ne peuvent plus échanger leurs billets contre des pièces d'or en circulation, ni porter des lingots à la frappe).

La Banque centrale émet des billets inconvertibles en or. La banque qui a prêté à l'industriel doit, de son côté, être en permanence capable d'échanger sa propre monnaie (le dépôt) contre des billets de la Banque centrale. Quand cet échange se fait contre des billets à cours forcé, la Banque centrale donne aux travaux privés une "pseudo-validation sociale" immédiate à l'échelle de tout l'espace national. Les billets n'étant pas eux-mêmes validables socialement (ils sont inconvertibles en or) et ne représentant pas l'anticipation d'une production à venir (c'est le cas seulement du dépôt bancaire), leur émission constitue un affaiblissement du rapport monnaie-marchandise. Elle introduit la possibilité d'un écart inflationniste, c'est-à-dire d'une hausse des prix des marchandises en conséquence d'un affaiblissement du signe monétaire. Un indice en est la persistance d'un écart entre le cours officiel de l'or par rapport à la monnaie nationale, et le cours de marché de l'or. Dans le cas du dollar, le prix officiel de l'or est de 42,2 dollar l'once depuis 1973 ; le prix de marché de 65 dollars l'once, jugé déjà très élevé au début de 1973, descend rarement au-dessous de 170 dollars l'once en 1974.

A la différence de la crise de surproduction accompagnée d'une crise de crédit, il n'y a pas rupture, mais affaiblissement de la circulation marchande quand il y a décalage inflationniste entre la monnaie comme signe de valeur et la valeur effective des marchandises. Le crédit combiné avec l'émission de monnaie à cours forcé est propice à une fuite en avant, à une poursuite de la production capitaliste qui dissimule la surproduction. De ce point de vue, l'inflation permet un étalement de la crise, au lieu du dénouement brutal qui se produisait au XIXe siècle.

c) Ce que l'on vient d'examiner, c'est l'inflation modérée d'après la 2eme guerre mondiale, dite aussi "inflation rampante" ou "inflation d'équilibre". Le taux annuel de hausse des prix dans les pays capitalistes développés, entre 1948 et 1971, a été de 3 % en moyenne (pour + de 20 % dans les pays comme l'Argentine ou le Chili). Cette inflation modérée a correspondu à des modifications de l'accumulation capitaliste que l'on n'a pas le temps d'examiner ici. La phase longue d'expansion s'est produite dans le cadre d'une part de l'hégémonie du capitalisme américain, d'autre part de certaines alliances de classes, conditions qui sont modifiées depuis le milieu des années 1960. Cela nous amène aux deux points suivants.

II - LA CRISE ACTUELLE DU SYSTEME MONETAIRE INTERNATIONAL

2° APERÇU SUR L'INFLATION (ACCELERATION)

1) La crise du dollar est le centre de la crise du système monétaire international.

Après la 2ème guerre mondiale, le système monétaire international, qui règle notamment les taux d'échange entre les diverses monnaies nationales, a été organisé autour du dollar, lui-même convertible en or dans des conditions déterminées jusqu'en 1968-1971. Le dollar s'est donc trouvé être la monnaie des monnaies, ce qui traduisait au plan monétaire la puissance américaine. Les pays capitalistes manquaient de dollars jusqu'à la fin des années 1950.

Puis les rapports de force se sont modifiés. Les capitalistes américains exportant des dollars pour acheter des usines et de la force de travail, notamment dans l'Europe du Marché Commun (pratique des "investissements directs"), les particuliers et les banques des pays capitalistes se sont débarrassés de leurs excédents de dollars en vendant ceux-ci à leurs Banques centrales. Les Banques centrales des pays capitalistes d'Europe de l'Ouest et du Japon se sont ainsi trouvées créditrices malgré elles des Etats-Unis. Un premier temps fort de la crise du dollar s'est produit en 1968-1971, un second en 1974. Du coup tout le système international construit autour d'un dollar fort et stable s'est effondré.

En même temps on a assisté à des craquements financiers : baisse du cours des actions en bourse (ce qui aux Etats-Unis lèse les travailleurs dont les fonds de retraite sont placés en bourse par les organismes collecteurs) ; difficultés ou faillites de certaines banques ayant fait des opérations de change ; pays insolvables comme l'Italie à la fin de 1973 à qui l'Allemagne Fédérale a consenti un prêt de 2 milliards de dollars gagé sur les réserves d'or de la Banque centrale italienne.

2) La fin de la domination du dollar est allée de pair avec un affaiblissement relatif de la puissance du capitalisme américain.

Au point de vue de la production industrielle : de 70 % de la production occidentale en 1950 à 49 % en 1973. Les investissements américains à l'étranger ne compensent pas cette baisse, car il y a développement du chômage aux Etats-Unis mêmes. Le centre Etats-Unis de l'empire américain s'affaiblit relativement.

Au point de vue de la domination commerciale : en 1971 il y a eu le premier déficit de la balance commerciale des Etats-Unis depuis le début du XXe siècle. Les ventes des filiales américaines ne compensent pas ce déficit du point de vue des rentrées en devises aux Etats-Unis. D'autre part cette situation montre que la concurrence entre pays capitalistes s'est beaucoup développée ; elle n'est pas supprimée, mais au contraire renforcée par "l'internationalisation du capital". (Voir les efforts américains pour démanteler le Marché Commun et pour faire "acheter américain").

Au point de vue monétaire on a vu plus haut l'affaiblissement du dollar comme monnaie centrale du système monétaire international. Est-ce le moyen, comme on le dit souvent, d'avoir un "dollar de combat" permettant de favoriser les exportations américaines de marchandises ? Même si c'était le cas, il resterait que le dollar comme monnaie internationale s'est affaibli. Les Etats-Unis essaient d'y remédier : domination de nouveaux circuits financiers (fonds Kissinger de 25 milliards de dollars pour "recycler" les dollars des pays producteurs de pétrole) ; tentatives pour faire de l'or une simple marchandise ; effort pour faire des "Droits de tirage spéciaux" (D.T.S.), calculés à partir du dollar, le nouvel étalon monétaire international. Pour le moment ces efforts n'ont pas abouti.

Cela concerne l'accélération de l'inflation : l'affaiblissement du dollar a été le signe d'une grande instabilité monétaire internationale. Il n'y a plus une référence unique et stable sur laquelle tous les pays capitalistes se seraient mis d'accord. D'où la spéculation sur les matières premières en 1972-73, la spéculation sur le mark, etc...

3) L'affaiblissement du dollar comme monnaie internationale s'est accompagnée de son affaiblissement comme monnaie intérieure des Etats-Unis. En 1973-1974, le taux de hausse annuel des prix a dépassé 10 %. On est passé à ce que l'on appelle "l'inflation à deux chiffres".

Ici il faudrait analyser les difficultés de l'accumulation capitaliste aux Etats-Unis depuis les années 1965-1966. On utilise deux sortes d'indices de la diminution du taux de profit (pas des profits nominaux, en monnaie courante, mais du taux, c'est-à-dire du profit rapporté au capital investi) :

1) Indice de la "baisse de productivité du capital"

2) Indice de la détérioration de la capacité de financement des entreprises (diminution de la part des profits non distribués nets d'impôts, par rapport aux réévaluations de stocks et aux amortissements qui font particulièrement pression à la hausse des prix).

Une conséquence du second aspect est le "sur-endettement" des entreprises américaines, exposé dans un article de "Business Week" (traduit dans "Problèmes économiques", 12, 2, 1975), et l'instabilité générale de la "montagne de dettes sur laquelle est assise la production américaine.

En 1974 la fuite en avant et l'accélération de l'inflation n'ont pu empêcher le développement d'un taux très élevé de chômage (plus de 8 % de la population active, taux inconnu depuis 1940). La crise de surproduction est apparue en tant que telle.L'accélération de l'inflation a permis non seulement la stagnation, mais le recul des salaires réels (calculés en "déflatant" les salaires nominaux, versés en monnaie courante, d'un indice de hausse des prix, indice certainement inexact - voir les discussions en France sur "l'indice INSEE est-il truqué ? " - mais qui ne peut être complètement faux). Avec la baisse des salaires réels versés, et la montée du chômage, se pose le problème du rapport entre capitalistes et classe ouvrière.

III - LA MISE EN CAUSE DE CERTAINS COMPROMIS ENTRE BOURGEOISIES ET CLASSES OUVRIERES

3° APERÇU SUR L'INFLATION (ACCELERATION DE CELLE-CI)

1) Rappels historiques

Entre les deux guerres mondiales, des économistes progressistes, Kalecki et Dobb, ont cherché comment le capitalisme allait pouvoir fonctionner avec le plein-emploi (on est en 1936-1938, avec Roosevelt aux Etats-Unis et Hitler en Allemagne). La question se pose en effet de la discipline ouvrière au travail, jusque là toujours entretenue par le maintien d'une "armée de réserve" de travailleurs. Kalecki et Dobb pensaient que la bourgeoisie a trois solutions :

1) le retour du chômage,
2) le facisme,
3) l'inflation.

On peut noter qu'à travers de vifs affrontements de classe, les trois solutions ont été utilisées par le capitalisme.

La troisième - celle de l'inflation "modérée" - consiste à déprécier les salaires nominaux (calculés en monnaie courante) pour peser sur les salaires réels. Elle a été possible après la 2ème guerre mondiale, dans les grands pays capitalistes, en liaison avec un certain compromis entre capitalistes et classes ouvrières. Aux Etats-Unis, après l'écrasement du syndicalisme contestataire des années 1920, après l'énorme chômage de la grande crise des années 1930, l'implantation des syndicats a été favorisée par le gouvernement (contre la résistance farouche d'une partie du patronat), parce que les syndicats se voyaient confier un nouveau rôle : celui de gérer les revendications ouvrières, notamment par la négociation de contrats de salaires pluri-annuels avec les représentants du patronat. Division de la classe ouvrière (syndiqués/non syndiqués, ouvriers blancs/ouvriers noirs, etc...), réglementation du droit de grève, chasse aux communistes et aux progressistes pendant la guerre froide, toute une série de mesures ont permis de faire accepter l'inflation, d'ailleurs particulièrement modérée aux Etats-Unis jusqu'en 1966.

2) Cette sorte de compromis s'est trouvée mise en cause à partir de 1965-1966, en Europe occidentale (sauf sans doute en Allemagne fédérale) et aux Etats-Unis. Au point de vue politique le développement d'une certaine opposition à l'intervention américaine au Viet-Nam, et les révoltes noires, ont convergé avec l'essor de nouvelles formes de résistance ouvrière (mise en cause du travail à la chaîne, instabilité au travail - "turn over" -). L'indiscipline ouvrière, en rapport avec la baisse du taux de profit indiquée plus haut, posait le problème d'une nouvelle défaite de la classe ouvrière. La crise de surproduction de 1974, aux Etats-Unis, avec la convergence d'un taux élevé de chômage et d'une inflation accélérée, peut être une occasion de restaurer la discipline ouvrière, condition nécessaire (quoique non suffisante) pour arrêter la baisse du taux de profit. En Grande Bretagne et en Italie, où chômage élevé et inflation très vive vont aussi de pair, il n'en va pas de même, et l'agitation ouvrière se poursuit.

Pour le cas de la France, il serait intéressant de lire et de discuter un article de B. Guibert (Temps Modernes, avril 1975). On n'aurait ni véritable crise de surproduction, ni vive contestation ouvrière, mais réglements de comptes entre fractions de la grande bourgeoisie. Cependant le développement du chômage a certainement eu un effet démobilisateur sur la classe ouvrière dont les revendications sont systématiquement refusées par la bourgeoisie.

Partis de l'inflation de crédit appuyée sur la monnaie d'Etat à cours forcé, forme "d'étalement" de la crise capitaliste, ("non-réalisation" des marchandises en monnaie), nous avons vu que l'inflation s'accélère avec l'affaiblissement de la domination américaine et avec la mise en cause de certains compromis entre bourgeoisies et classes ouvrières, une telle accélération indiquant la mise en cause du "consensus" (de l'accord) social capitaliste établi après la 2ème guerre mondiale.

ANNEXE N° 2[*]

POUVOIR MONÉTAIRE PRIVÉ ET PUBLIC

Le pouvoir monétaire consiste-t-il, de façon générale, à créer et détruire de la monnaie ? Actuellement en France le pouvoir monétaire public est-il "battu en brèche par un pouvoir privé multiforme", que l'on considère le développement de l'usage des euro-dollars comme monnaie internationale privée, ou la diminution relative du rôle bancaire du Trésor public ? A ces questions, certains auteurs répondent par l'affirmative (cf. *Le Monde*, 18, 19, 20 octobre 1972). Or l'on voudrait montrer ici qu'il s'agit de questions mal posées, même si le rapport entre "public et privé" est un indice de la modification des interventions économiques de l'Etat en France depuis le début des années 1960.

Tout d'abord il ne semble pas possible de définir le pouvoir monétaire comme capacité de créer et détruire de la monnaie sans se référer à la nature de la monnaie ni à la pluralité de ses formes. Les divers types de monnaie, dépôts en banque, billets de la Banque de France, et or (jusqu'en 1914 et sous d'autres aspects encore actuellement), ont, selon l'expression de Marx un rôle d' "équivalent général", même si certaines fonctions monétaires coïncident plus particulièrement avec certaines formes de monnaie. Toute marchandise peut être échangée contre ces diverses monnaies, qui peuvent toutes s'échanger entre elles. Il en va autrement dans des sociétés connaissant l'argent sans l'utiliser comme monnaie. C'est avec la production et la circulation marchandes, qui comportent des rapports sociaux particuliers entre les échangistes de valeurs commensurables, que la monnaie apparaît, sous différentes formes et dans divers espaces locaux ou nationaux.

Dès lors il n'y a pas de pouvoir monétaire sans utilisation de monnaies socialement validées comme formes de l'équivalent général et capables de se conserver comme telles. Par exemple un chèque de 10 francs tiré sur un dépôt (monnaie bancaire), doit rester échangeable et pratiquement convertible contre un billet de 10 francs. Sinon intervient le jeu d'une sanction monétaire, excluant l'une des deux monnaies de la circulation marchande. Par exemple au

(*) Version intégrale d'un texte paru dans "Le Monde" daté du 16 décembre 1972, sous le titre "Le changement des formes de la sanction".

XIXe siècle cette sanction affectait souvent la monnaie bancaire privée, à cause soit de l'anarchie de l'émission (aux Etats-Unis avant 1863, 7 000 types de billets différents étaient émis par des banques locales, sans compter les 5 000 sortes de fausses coupures !), soit du rattachement de la monnaie nationale à l'or monnaie internationale. Par contre, après 1931, avec l'abandon de la convertibilité externe en or de la livre sterling, le poids des crises monétaires a été reporté sur les monnaies nationales. Il y a eu non pas suppression, mais changement de forme de la sanction, des faillites massives et répétées de banques privées aux dévaluations ou réévaluations des monnaies nationales à l'époque contemporaine.

Ceci s'applique même au cas d'une monnaie internationale privée comme l'euro-dollar, qui a proliféré en dehors de tout "contrôle", mais non de toute sanction. Car l'euro-dollar ne peut être utilisé de façon avantageuse comme monnaie privée abstraction faite de la valeur relative du dollar comme monnaie nationale des Etats-Unis. La répartition actuelle des encaisses en dollars hors des Etats-Unis, indiquée par J. Denizet, 55 mds dans les Banques centrales et 17 dans le privé, reflète une diminution relative, en 1972, du rôle du dollar comme monnaie privée internationale, par rapport à son rôle comme monnaie de réserve involontairement accumulée dans des organismes publics. Quel que soit le caractère approximatif des statistiques, une telle répartition, à la suite de la crise du dollar en 1971 montre que l'usage privé de l'euro-dollar reste dépendant de la valeur relative du dollar comme monnaie nationale.

Qu'en est-il alors du pouvoir monétaire privé ? D'une part la circulation marchande s'effectue entre échangistes "privés", le tissu des échanges se formant de façon spontanée, sans finalité sociales. D'autre part les monnaies utilisées doivent rester socialement validées comme formes de l'équivalent général. On ne peut donc parler que d'un pouvoir monétaire privé sous contrainte sociale. Et si l'on admet que "les barons de la finance" font aujourd'hui "la loi monétaire" il faut aussitôt préciser et qu'ils l'ont toujours faite, et qu'ils n'ont jamais pu l'imposer socialement en dehors de toute contrainte monétaire objective.

La définition du pouvoir monétaire public est à ré-examiner en même temps. Peut-on parler d'une histoire monétaire comme alternance de dominantes publique lorsque le prince impose sa loi "aux barons de la finance ; privée lorsque les barons émancipés font la loi monétaire", selon les expressions de Ph. Simonnot ? Ces expressions ne conviennent pas, d'après la nature du pouvoir privé exposée plus haut. Elles ne rendent pas non plus compte de la signification du pouvoir monétaire public.

La "dominante publique" est un reflet, au niveau de la souveraineté politique, de la nécessité d'une garantie sociale des monnaies comme formes de l'équivalent général. C'est pourquoi la sanction monétaire a souvent pris la forme d'une référence des monnaies de crédit privées à une monnaie étalonnée par l'Etat : ratification politique d'une contrainte propre aux sociétés marchandes. Mais l'Etat n'intervient pas pour autant comme un arbitre monétaire contrôlant la situation pour le bien de tous ; et son action reflète des conflits réels. Que l'on songe par exemple à la fondation de la Banque d'Angleterre à la fin du XVIIe siècle, par un groupe de marchands banquiers soucieux de contrôler les dépenses royales jugées excessives.

Si les impôts ne suffisent pas, "le prince" peut chercher non seulement à utiliser de la monnaie privée (endettement auprès des banquiers), mais même à manipuler la monnaie publique de référence. Or l'histoire des mutations monétaires, par exemple en France avant le XIXe siècle, et après 1914, montre que lorsqu'il y a deux cours de la monnaie, l'un commercial et financier (notamment dans les transactions internationales), et l'autre légal, l'Etat finit toujours par adapter le second au premier. Ici la sanction de la manipulation par le prince de la monnaie publique de référence, tout en gardant la forme d'une décision publique, est imposée au prince par les conditions de l'usage privé de monnaie.

Puisque la dominante privée en matière de monnaie est déterminante, mais ne s'exerce que sous contrainte sociale ; puisque la dominante publique comporte une contradiction, comme validation politique de l'usage privé de monnaie, l'histoire monétaire ne peut être celle d'une alternance des dominante publique et privée. Elle ne peut être que celle du changement des formes de la sanction qui permet le maintien de l'usage de monnaies différentes comme expressions de l'équivalent général.

Une fois reformulées les questions concernant le pouvoir monétaire, il reste à en tirer les conséquences pour la compréhension du rapport entre secteurs public et privé. La modification de ce rapport n'est pas un indice du passage de la domination du secteur public à celle du secteur privé. Même quand le Trésor public avait un circuit monétaire beaucoup plus massif (en termes relatifs) qu'aujourd'hui, les décisions capitalistes privées concernant l'usage de monnaie étaient déterminantes. Par contre le changement quantitatif est un indice de la modification des formes de l'intervention publique. Il est certain que l'utilisation actuelle de l'appareil d'Etat par la "politique économique" a de nouveaux aspects par rapport aux années 50.

Ceci donne naissance à de nouveaux problèmes : alors que pendant toute une période il a été question de la quantité critique de l'intervention économique directe de l'Etat au-dessus de laquelle la société capitaliste devient ingouvernable, il semble qu'actuellement est en cause le seuil d'intervention directe au-dessous duquel cette société est également ingouvernable. Problème dont l'indice peut être de caractère quantitatif (diminution relative du circuit monétaire public par exemple), mais dont l'objet est le rapport entre la "politique économique" et la capacité de gouverner dans le capitalisme français actuel. C'est de cette façon là que le "pouvoir monétaire" devient un aspect du pouvoir politique.

L'INTERNATIONALISATION DU CAPITAL ET LE ROLE DES ÉTATS

Quand il s'agit d'apprécier l'effet du développement des entreprises multinationales sur les Etats nationaux, que ceux-ci soient les pays d'origine ou surtout les pays hôtes des géants économiques, l'idée la plus répandue est celle d'un dépérissement des Etats. Comment ceux-ci, dit-on, pourraient-ils avoir des politiques autonomes de développement économique, si l'on considère par exemple qu'en 1970 les multinationales d'origine américaine fournissaient en moyenne pour sept pays (Canada, Royaume-Uni, Belgique, France, Allemagne de l'Ouest, Brésil, Mexique), 12 % de l'emploi et 20 % des ventes dans les industries de transformation (1) ? Comment pourraient-ils avoir des politiques monétaires indépendantes, alors que les banques et firmes d'origine américaine, institutions privées, contrôleraient 190 mds de dollars de fonds à court terme, à quoi l'on pourrait comparer par exemple les réserves de la Banque de France, se montant à environ 9,2 mds de dollars (2). Il se produirait comme une désarticulation des économies nationales ; en même temps à la souveraineté politique des Etats nationaux se substituerait la puissance des entreprises multinationales (3). Ou encore il faudrait étudier les "économies nationales" comme des fractions territoriales d'un capitalisme mondial placé sous une domination principalement américaine" (4), ce qui évidemment affecte le rôle des Etats. Un empire sans frontières dominerait ainsi le monde capitaliste.

Toutefois cette idée s'inscrit dans des conceptions très discutables de l'Etat et des rapports de celui-ci avec l'économie capitaliste. Ou bien l'on idéalise et l'on surestime le rôle antérieurement joué par les Etats nationaux ; ou ceux-ci sont au contraire réduits à n'être que des sortes de zones spatiales, de bases territoriales de l'économie. En réalité il semble que les problèmes politiques posés aujourd'hui par le développement des grandes entreprises multinationales servent de **révélateur quant à la nécessité et aux limites du rôle des Etats capitalistes**. Marx remarquait, à propos des "luttes de classes en France (1848-1850)", que la bourgeoisie cherche à se passer le plus possible de l'Etat, pesant et coûteux, mais qu'elle en est incapable. Sous des formes différentes selon les périodes et les situations, l'Etat joue nécessairement un

(*) Ce texte a paru dans "Le Monde Diplomatique" de juin 1974.

rôle favorisant l'accumulation capitaliste. Il ne s'agit donc pas de poser le problème des entreprises multinationales "face" aux Etats nationaux, mais de frayer la voie à une recherche des nouvelles formes des pratiques étatiques, en relation avec les changements du capitalisme.

Pourtant certains faits semblent étayer l'idée que les Etats, sujets politiques, dépérissent sous la pression des puissants sujets économiques internationaux. L'on a évoqué plus haut la très forte centralisation financière privée qui échappe à toute règle publique, nationale ou internationale. Dans ce domaine tout se passe comme si l'un des rêves des idéologues libéraux se trouvait réalisé, avec la formation d'un marché pur, répondant aux seules exigences de mobilité et de rapidité des transactions. Ainsi le marché international des monnaies nationales dites "euro-monnaies", n'est ni localisé aux Etats-Unis ni contrôlé par ceux-ci : prêts et emprunts à court terme (un an et moins) font circuler des dépôts bancaires libellés en monnaies étrangères à celle du pays hôte (5). Les grandes entreprises multinationales américaines et les grandes banques qui leur sont liées dominent ce marché, qu'elles utilisent même contre la politique monétaire de leur pays d'origine, comme on l'a vu à la fin de 1969 et au début de 1971 (6).

Cela signifie-t-il l'affaiblissement des politiques monétaires, donc des Etats nationaux, y compris les Etats-Unis ? Mais poser ainsi la question, c'est croire qu'avant ou que sans le développement des grandes entreprises multinationales les monnaies nationales sont maîtrisées par les Etats qui les gèrent. Croyance naïve, si l'on se souvient par exemple des péripéties de la livre ou du franc depuis 1945, dès avant le retour à la convertibilité externe des monnaies en 1958 ; ou si l'on considère l'activité de toutes les banques commerciales américaines, qu'elles soient ou non multinationales : l'étude de A.F. Brimmer (6) montre bien qu'en cas de restrictions imposées par le Federal Reserve System ("banque centrale" des Etats-Unis), toutes les banques, régionales et locales autant que multinationales, favorisent les entreprises, au détriment des crédits à l'Etat et aux particuliers. L'activité des banques multinationales ne fait que rendre beaucoup plus grave et pressant un problème constant : tout Etat national doit gérer sa propre monnaie en tenant compte de la valeur de celle-ci dans les transactions internationales ; seules les conditions et les formes de cette gestion se modifient.

Dans le domaine financier, le changement principal depuis une quinzaine d'années est sans doute le décalage entre une augmentation de la centralisation internationale du crédit sous domination privée américaine, et le maintien, voire le renforcement (7), de la décentralisation des monnaies nationales. La centralisation du crédit, financière, consiste en "la fusion d'un nombre supérieur de capitaux en un nombre moindre", selon l'expression de Marx, ce qui "grossit" et "accélère" l'accumulation capitaliste ; celle qui s'est faite au niveau international , autour du dollar et sous l'égide de grandes sociétés américaines, a été un prolongement de celle qui s'est effectuée au plan national : ainsi M. Aglietta parle-t-il (8) de "la domination écrasante exercée par les grandes banques commerciales" dans les circuits de crédit aux Etats-Unis mêmes.

Or bien que le dollar ait été l'instrument principal de la centralisation internationale du **crédit**, il n'est pas pour autant devenu la **monnaie centrale** des pays capitalistes : une centralisation **monétaire** allant de pair avec la centralisation **financière**, aurait impliqué une gestion commune des monnaies nationales, sanctionnée par une Banque centrale unique, en l'occurrence le Federal Reserve Board émetteur de dollars. Cela n'a pas eu lieu. Il est vrai que les Etats capitalistes ont été contraints d'adapter leur gestion monétaire aux avatars du dollar, comme l'indiquent par exemple les réévaluations du deutschemark. Mais l'établissement de la valeur respective des monnaies nationales (franc, livre, deutschemark...) sur le marché mondial, est resté un problème particulier, très différent de l'échange d'un dollar créé par une banque commerciale avec un dollar émis par le Federal Reserve Board. C'est pourquoi l'abandon en 1971 de la fixité des changes (cf. note 7) n'a pas été l'indice d'une centralisation monétaire internationale autour de ce pôle du financement qu'est le dollar. Bien au contraire !

Il n'y a donc pas eu transfert d'un pouvoir monétaire des Etats nationaux à ces sujets économiques tout puissants que seraient les entreprises multinationales. Il est vrai que la contradiction qui s'est développée entre les deux sortes de centralisation, financière et monétaire, a été aggravée par l'impuissance des différents Etats capitalistes à définir de nouvelles normes de gestion des monnaies nationales acceptables par tous. Cependant la crise endémique des monnaies nationales, qui est une source d'anarchie, ne fait que révéler les limites, en même temps que la nécessité, d'une gestion étatique des conditions monétaires de l'accumulation capitaliste.

De façon générale, les grandes entreprises multinationales ne sont pas, en dépit de leur stratégie mondiale, des Sujets Economiques qui pourraient se substituer à des Sujets Politiques nationaux. Pratiques économiques et politiques du capitalisme sont nécessairement liées, pour des raisons objectives et non de par la volonté de Sujets de l'Histoire. Sans les Etats, dont elles cherchent pourtant à se passer le plus possible, les sociétés multinationales ne pourraient ni se développer, ni subsister. Du même coup les formes d'action étatique ont à s'adapter à de nouvelles contradictions ; si elles ne le peuvent, cela veut dire que les diverses crises (comme aujourd'hui celle de la monnaie internationale, ou celle de l'énergie), sont, au moins momentanément, hors de la portée des gestions étatiques.

De là naît une certaine inquiétude, qui explique en partie la parution, au cours de 1973, d'un rapport du Sénat américain (9), et d'un rapport des Nations Unies (10). Le premier, qui a surtout le caractère d'une apologie des sociétés multinationales américaines, cherche notamment à répondre aux inquiétudes des syndicats américains concernant le chômage provoqué aux Etats-Unis même par le transfert d'emplois à l'étranger. Le second a par contre une orientation réformiste ; tout en considérant que les multinationales permettent une meilleure "allocation des ressources" à l'échelle mondiale, il indique aussi que leurs "structures monopolistiques" pèsent sur cette allocation, et affecte la souveraineté politique des Etats : ce qui est bon pour General Motors est bon non seulement pour les Etats-Unis, mais pour le monde entier ! Cette idée inspirant une grande partie de la politique américaine, l'orientation réformiste du rapport des Nations Unies, quoique timide, reflète à sa manière un besoin certain, qu'il faut préciser en tenant compte de l'inégal développement des puissances capitalistes.

Ne devrait-on pas alors traiter de façon différente les problèmes des différents Etats nationaux ? Les Etats-Unis disposent d'une très puissante base économique et financière nationale pour soutenir le développement des entreprises multinationales américaines. Les Etats hôtes où s'installent ces entreprises risquent de se trouver dans une situation de dépendance : faut-il parler d'un dépérissement des Etats **les moins puissants**, sous l'effet de l'impérialisme américain ?

Robin Murray a examiné (11) "l'internationalisation du capital et l'Etat national", en mettant l'accent sur l'interdépendance du capital privé et de l'Etat. Selon lui il y a des fonctions étatiques de base dont l'économie capitaliste ne peut se passer : garantie du droit de propriété, au moyen de la police et de l'armée ; standardisation des règles de l'échange sur une aire territoriale donnée, contrôle des approvisionnements de base (concernant en particulier l'énergie et les communications), etc... Le problème posé par le développement des entreprises multinationales est celui des fonctions qui demeurent inhérentes à un Etat national dans une aire investie par le capital international.

Or celui-ci est dominé par les grandes entreprises américaines, qui jouent un rôle prépondérant à l'échelle mondiale comme aux Etats-Unis. Si l'on considère par exemple l'emploi dans les industries de transformation, en 1970 aux Etats-Unis les multinationales américaines employaient de 12 à 13 millions d'ouvriers sur un total de 18 millions, et à l'étranger elles employaient environ 3,5 millions d'ouvriers (12). Puissance intérieure - dans le cadre de l'Etat américain - et extérieure, vont de pair. Cela ne peut manquer d'influer sur les Etats moins puissants, dont aucun n'ose finalement prendre le risque de refuser l'implantation américaine, même si comme en France et surtout au Japon des barrières efficaces ont été maintenues pendant les années 1960. En tenant compte du rapport de forces, des secteurs économiques clès peuvent être transférés des Etats aux entreprises. Car les fonctions publiques mentionnées plus haut ne sont pas nécessairement remplies par des organismes étatiques : tout dépend des intérêts et de la puissance des entreprises privées qui peuvent, par exemple dans le cas de l'approvisionnement en pétrole, se substituer aux Etats les moins puissants. Suivant les cas, les Etats-nations restent ou non des entités commodes pour remplir les fonctions économiques fondamentales.

Cependant la conception "fonctionnaliste" de R. Murray ne permet pas de bien poser les problèmes politiques. Elle montre à juste titre la relation intrinsèque entre économie et politique capitalistes, et d'autre part l'inégalité de développement des puissances capitalistes. Mais elle fait abstraction du caractère de classe du pouvoir politique, et ne tient pas compte de la modification des rôles respectifs des bourgeoisies nationales. Que l'approvisionnement en pétrole soit pris par R. Murray comme un des exemples du transfert d'une fonction publique de base de l'Etat aux grandes entreprises privées, c'est particulièrement intéressant à discuter aujourd'hui ; la crise de la fin de 1973 montre combien la gestion étatique a été déficiente même par rapport aux seuls intérêts capitalistes généraux.

Le rôle actuel des bourgeoisies européennes a été analysé par N. Poulantzas (13), qui pose de la façon suivante le problème du rapport entre Etats et entreprises multinationales : "les formulations... du type "que peut ou ne peut pas l'Etat face aux grandes firmes multinationales", quel est le degré où la forme de déperdition de ses pouvoirs face aux possibilités des géants internationaux (formules chères à Servan-Schreiber), etc..., sont foncièrement fausses, tant il est vrai que les institutions ou les appareils ne "possèdent" pas du "pouvoir" propre mais ne font qu'exprimer et cristalliser des pouvoirs de classe. La question alors se déplace : elle devient en premier lieu, celle des rapports des bourgeoisies européennes et du capital américain".

En raison de la domination de ce dernier dans les procès de centralisation internationale du capital, domination qui se reproduit socialement grâce à des conditions politiques et idéologiques, les bourgeoisies européennes sont aujourd'hui, d'après Poulantzas, moins des bourgeoisies nationales indépendantes que des "bourgeoisies intérieures". Les Etats nationaux subsistent cependant, mais sous des formes modifiées, permettant la reproduction de leur propre dépendance vis-à-vis des Etats-Unis. D'où, par exemple, l'intégration militaire au sein de l'OTAN, et l'impossibilité d'envisager une relative autonomie de l'Europe de l'Ouest dans ce domaine. Par contre, les luttes de classes gardant un caractère national, les Etats-nations continuent à assurer notamment l'ordre intérieur, quoique d'une façon adaptée au nouveau contexte.

Deux points de cette analyse sont à retenir :

1) ne pas envisager les grandes entreprises multinationales américaines "face" aux Etats capitalistes européens ;

2) prendre en considération un changement des formes étatiques, et non un dépérissement des Etats.

Il semble par contre discutable de confronter, comme le fait N. Poulantzas, "le capital américain" avec "les bourgeoisies européennes" : le problème politique posé à propos des secondes est évité à propos du premier, comme si le "capital américain" était de lui-même un sujet politico-économique surpuissant. Or la capacité de domination internationale des Etats-Unis n'est pas une donnée intangible, ni exempte de contradictions. Mais alors, les problèmes politiques des bourgeoisies européennes peuvent-ils être bien posés lorsqu'il est fait abstraction des problèmes politiques de la bourgeoisie américaine ? Sur ce point l'analyse de Poulantzas parait biaisée.

Ce que l'on a exposé en premier lieu à propos de tous les Etats capitalistes reste valable même quand l'on tient compte de la très grande différence des puissances : les entreprises multinationales américaines ne conduisent pas plus au dépérissement des "Etats hôtes" qu'à celui de "l'Etat d'origine". Le capital privé a toujours besoin de l'existence d'un pouvoir étatique.

NOTES

(1) Source : Rapport pour le compte de la commission des finances du Sénat américain, "Rôle des firmes multinationales dans les échanges et les investissements internationaux et conséquences sur la balance commerciale américaine et la situation de l'emploi aux Etats-Unis", (févr. 1973).

(2) Cf. J. Grapin, "Les internationales capitalistes", Le Monde, 11-12 nov. 1973.

(3) Une importante bibliographie existe sur ce point. Un des textes les plus récents est le rapport des Nations Unies, "Multinational corporations in world development", New-York, 1973.

(4) "Les contradictions interimpérialistes aujourd'hui", par Ch. Leucate, p. 124 "Critiques de l'économie politique", oct.-déc. 1973 (Editions Maspero).

(5) Ainsi un dépôt d' "eurodollars" dans une banque anglaise est identique à un dépôt de dollars aux Etats-Unis, mais se trouve disponible hors des Etats-Unis.

(6) Cf. "Les banques multinationales et la mise en œuvre de la politique monétaire aux Etats-Unis", par A.F. Brimmer, 28 déc. 1972.

(7) Depuis la suspension en 1971 des accords de Bretton Woods qui établissaient entre les monnaies des parités fixes (c'est-à-dire des évaluations fixées en poids d'or).

(8) Mémoire pour le D.E.S., ronéoté, 1973, p. 15.

(9) Cf. note 1.

(10) Cf. note 3.

(11) Dans "The multinational enterprise", édité par J.H. Dunning (Allen and Unwin), 1971, chapitre 10.

(12) Source : Rapport du Sénat américain, o.c., p. 611-612.

(13) "L'internationalisation des rapports capitalistes et l'Etat-Nation", dans Les Temps Modernes, févr. 1973, p. 1479 et suiv.

TABLE DES MATIÈRES

IMPRIMERIE LOUIS-JEAN
Publications scientifiques et littéraires
TYPO - OFFSET

05002 GAP - Téléphone 51-35-23 +

Dépôt légal 143-1976